子どもの運動能力を開花させる ダイナミックバランスの魔法

ドジ井坂

ワニ・プラス

はじめに

お子さんの歩き方や走り方がなにかおかしくないですか。疲れやすい、捻挫しやすい、肩が痛い、腰が痛い、片足立ちできない、といった子どもたちが増えています。あなたのお子さん、いやいや、あなた自身はだいじょうぶですか？

こうした原因のひとつに、身体バランス機能の問題が考えられます。人は地球の凸凹した環境のなかで上手に歩き、走ることを進化させてきました。子どもたちは親から教わることなく、身体バランスを自然の中で学習してきたのです。ところが、現在の都市生活が、自然の凸凹や不規則に変化する傾斜など危険な障害物とされるものを整備し安全な環境作りを推し進めてきたため、身体バランスを自然と身につけることは非常に難しくなってしまいました。その結果、片足立ちの問題、疲れやすい、捻挫しやす

いといった問題が増えているのです。正しく骨格のバランスのとれた姿勢を取り戻すことができれば、子どもたちの身体能力は格段にアップし、ケガや腰痛、肩こりも解消、軽減されます。

１９４８年、私は神奈川県の茅ヶ崎という海に近い環境で生まれ育ちました。サーフィンとの出会いは、中学生の時に洋書店で見つけたアメリカのサーフィン本でした。以来、アメリカンカルチャーにどっぷりと浸かってのサーフィン三昧の日々を過ごしたのです。その甲斐があって１９６９年の全日本サーフィン選手権アマチュア部門で優勝。これがきっかけとなり、翌年開かれた世界プロ・アマサーフィン選手権でプロとしてデビュー。１９７６年には第１回全日本プロサーフィン選手権で初代チャンピオンになることができました。

１９８１年に引退するまで、世界の大会を転戦してきたなかで、いつも帰国後に気になっていたのが、日本のビーチ事情でした。日本のビーチ活動は夏のシーズンに限られてしまいがちですが、海外ではビーチを生活圏として通年遊ぶフィールドととらえています。そこで、日本でもビーチを生活圏として通年遊ぶことを活動のテーマにした、一般社団法人ビーチクラブ全国ネットワーク（詳しくはP88）を立ち上げたのです。海やビーチでのスポーツ教室も開きました。参加している大人から幼児までを指導していて気がついたことが、海上を想定した揺れている用具の上で動作する際のバランスの悪さでした。筋力に頼ってカバーしようとするため、ますますバランスを崩してしまうのです。自然の力を正しい姿勢でバランスよく受け入れることができれば、こうしたスポーツは誰もが楽しめるはずです。

約50年のサーフィン指導のもと、自らもあらゆるスポーツにチャレンジしながら、正しい姿勢での身体バランス操作の研究を積み重ねてきました。そして見つけ出したのが、〝ダイナミックバランス〟というメソッドです。人には外から見えない身体のバランス機能が備わっています。人間本来の正しく歩く、走る、投げる、飛ぶといった基本的な運動バランスも同じです。本書で紹介するのは、かつて人が自然の中で身につけてきた基本的な身体バランス（ダイナミックバランス）を取り戻すためのエクササイズです。筋肉優先ではない、しなやかな身体を目指します。

 写真提供：横浜市立さつきが丘小学校

目次

ダイナミックバランスって、

かつて変化に富む自然界のフィールドで
二足歩行を始めた人類は、両足を交互に動かして
身体バランスを微調整してきました。
どのような微調整かというと、身体のコアとなる
骨格を微振動させ身体のバランスを保持する能力のことです。
骨を中心にバランスをとる能力が自然と備わっていたのです。
建物における免震機能に似ています。

サーフィン、スケートボード、スノーボードなど
揺れる用具の上で働く身体内のバランス動作のことです。
効率よく筋肉と関節の力点を
コントロールするための調整機能といえます。
この能力を「ダイナミックバランス」と
名付けました。

なに？

8ページでも触れましたが、人間は頭から首、背骨、腰、膝、足までの骨の位置や関節の微妙な角度を微振動で正しい位置に復元して、身体のバランスをとっています。そのため外側の筋肉の動きばかりに気をとられてしまうと、骨や関節の位置や動きを認識することはできません。現代では、様々な運動能力を身につけるための筋肉運動が注目されています。ところが、骨や関節が正しい位置に調整される前に筋肉優先の運動を始めてしまうと、ダイナミックバランスは機能しなくなってしまうのです。このことが運動ぎらい、運動オンチ、動作反応の遅さの要因のひとつになっていると考えてい

4. バランスが悪い片足バランス

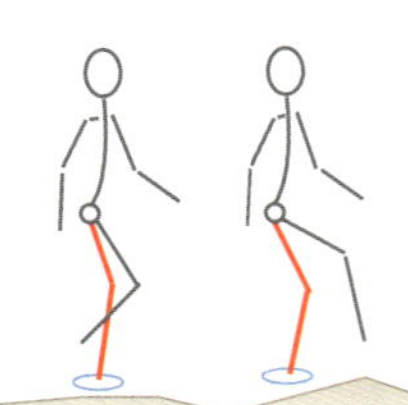

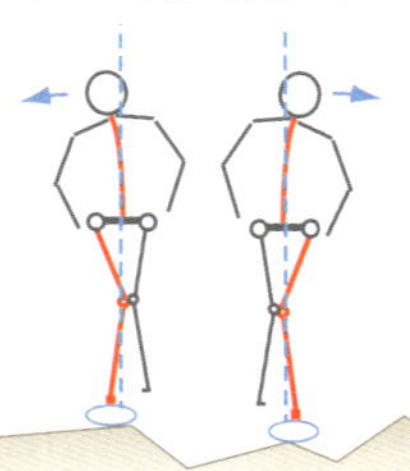

5. 平地の筋力走法や片足バランス歩行

4. 腰を中心にダイナミックバランス機能を使えば、不安定な場所でもバランスはとれます。しかし下半身で踏ん張ってバランスをとると、腰でバランスがとれず、頭が反対に動いてバランスが崩れます。
5. 平坦なバリアフリーのような場所では、着地点が曖昧でも走り歩くことはできます。しかし不規則な凸凹の環境では、ダイナミックバランス機能を使い、片足交互に着地点に正確にステップしないと、バランスを崩してしまいます。

ます。ダイナミックバランスのエクササイズを始める前に、まずは自分の姿勢、身体の中心がどこかを知ることから始めましょう。

1. 二本足で地面を支えるのではなく、二本の足を腰を中心に交互に動かす運動でダイナミックバランスは機能します。2. 片足ダイナミックバランスを二本の足が交互に行うことで、必ず片足でバランスをとることができます。3. 片足ダイナミックバランスにより、次の片足の着地点を臨機応変に変更することが可能です。この片足交互のバランスをとる自在な運動能力によって、凸凹で変化する傾斜の中で二足歩行のダイナミックバランスは進化してきたのです。

まず、自分の姿勢をチェックしてみよう

みなさんの姿勢を横から写真撮影してみてください。
頭や腰や膝の位置そして猫背など、みなさんの姿勢の今がわかります。
この写真は平成生まれの20代の人たちの姿勢を横から撮影したものです。
データの中では、「0」が最もバランスが良い姿勢です。これから体験していただく
ダイナミックバランスのエクササイズによって姿勢も改善されます。

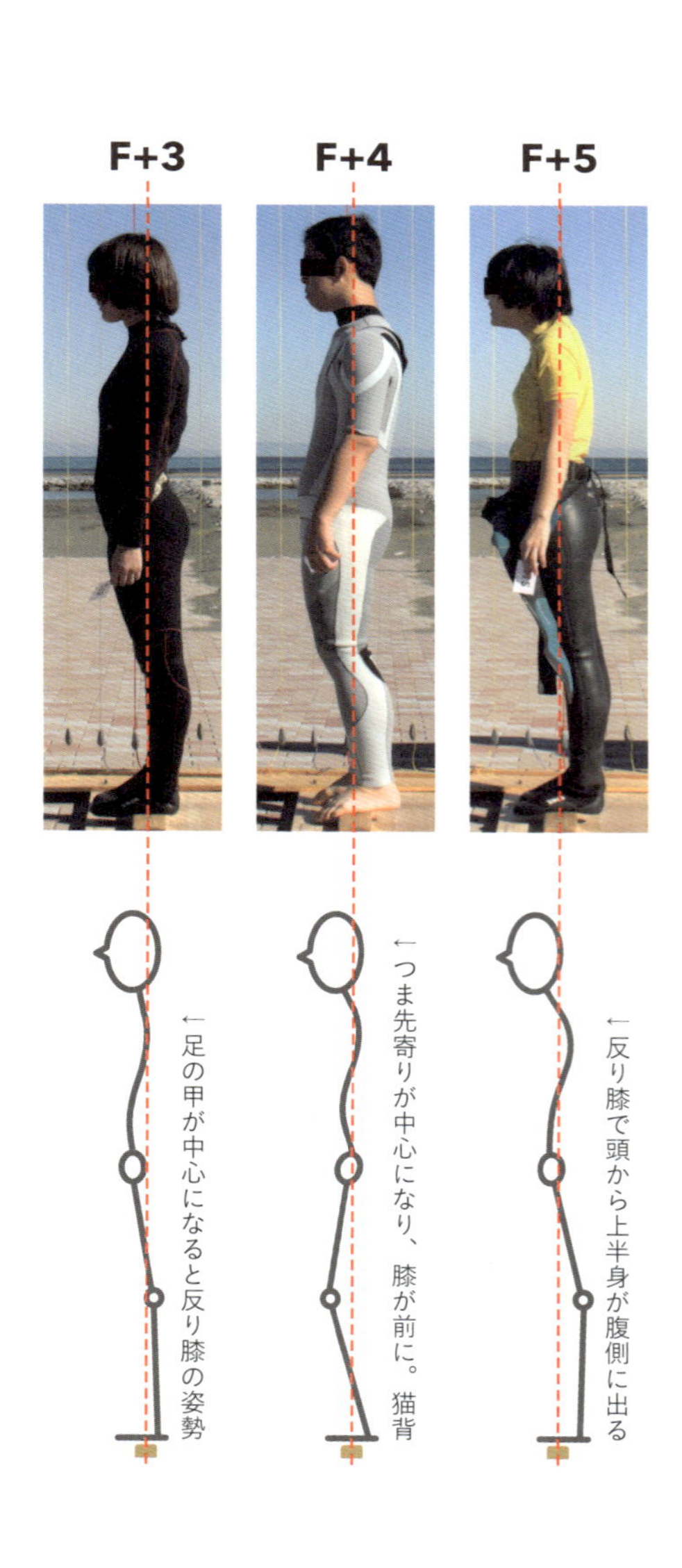

あなたの姿勢はどの状態に近いですか？

正しい姿勢・バランスの悪い姿勢

ゼロポジションから「膝の曲げ方の間違い」「反り膝」「反り腰」「猫背」など5段階測定

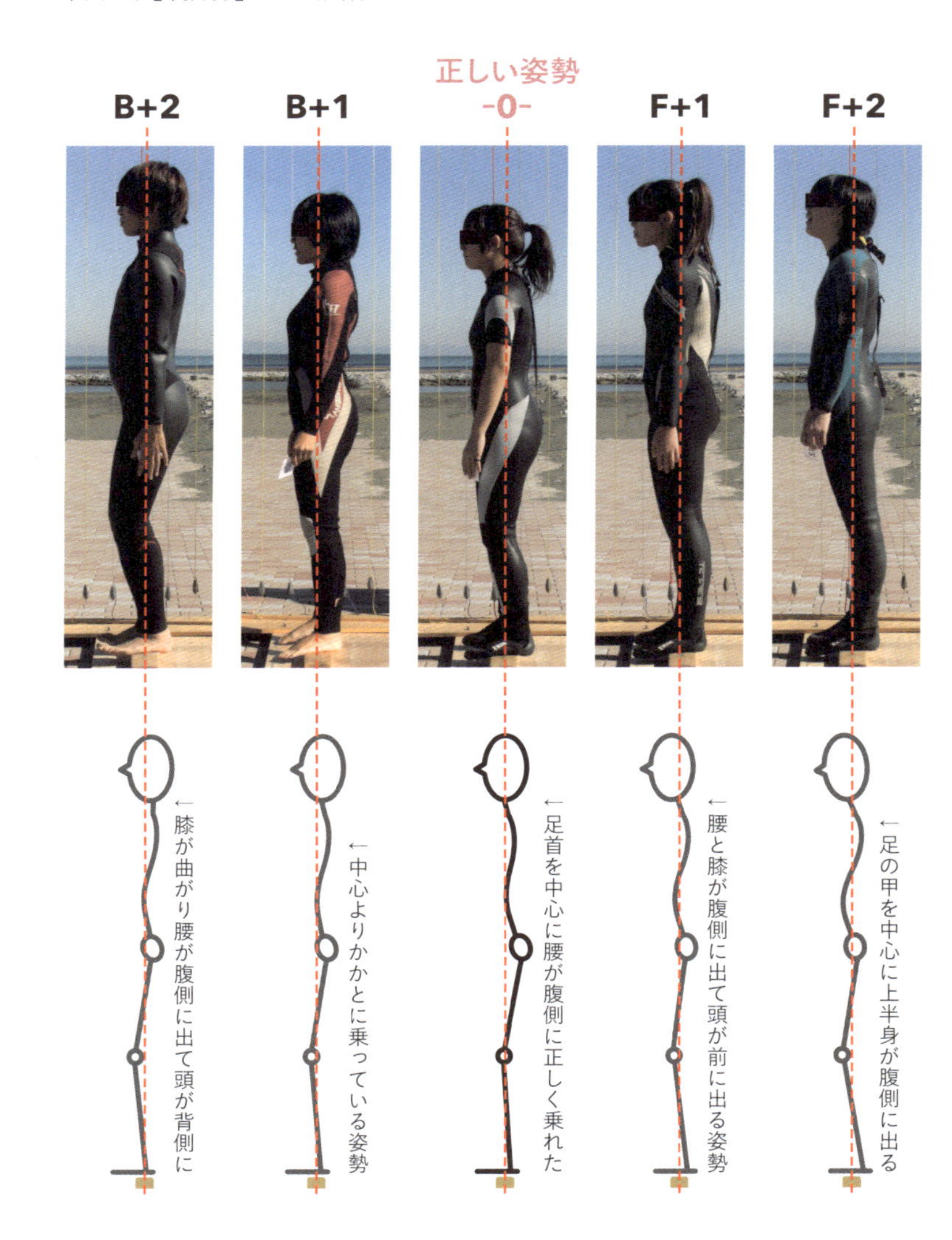

 写真提供：学校法人タイケン学園 ペット＆アニマル専門学校 日本ウェルネススポーツ大学

ダイナミックバランスの最初のステップです

今の自分の姿勢が前ページのどれに近いかがわかりましたか。
猫背気味だったり、腰が前に出ていたりしている原因は、普段のあなたの足の重心の位置にあります。
凸凹や様々な傾斜が混在する自然環境の中で進化してきた二足歩行の人間は、
足のあらゆる部位を機能的に使い分けて、様々なセンサーの役割を発達させてきました。
しかし、いつも靴を履いていると、足のバランス感覚は
硬い靴のソールに同化してしまい、自分の足の中心がどこなのか自覚できません。
平坦なバリアフリーの環境では、足の裏全面が床面に触れているので、
足のつま先からかかとまでをベターッとつけて、曖昧にバランスをとる傾向があります。
足の感覚が鈍化することで、身体の中のダイナミックバランスの機能が低下して、
様々な身体の不調や日常の運動機能の低下を引き起こす可能性が高くなるのです。
まずは足のセンサーがどこかを理解し、正しい足の重心を知ることからスタートです。

墨田区立両国小学校　写真提供：一般社団法人 日本サーフィン連盟

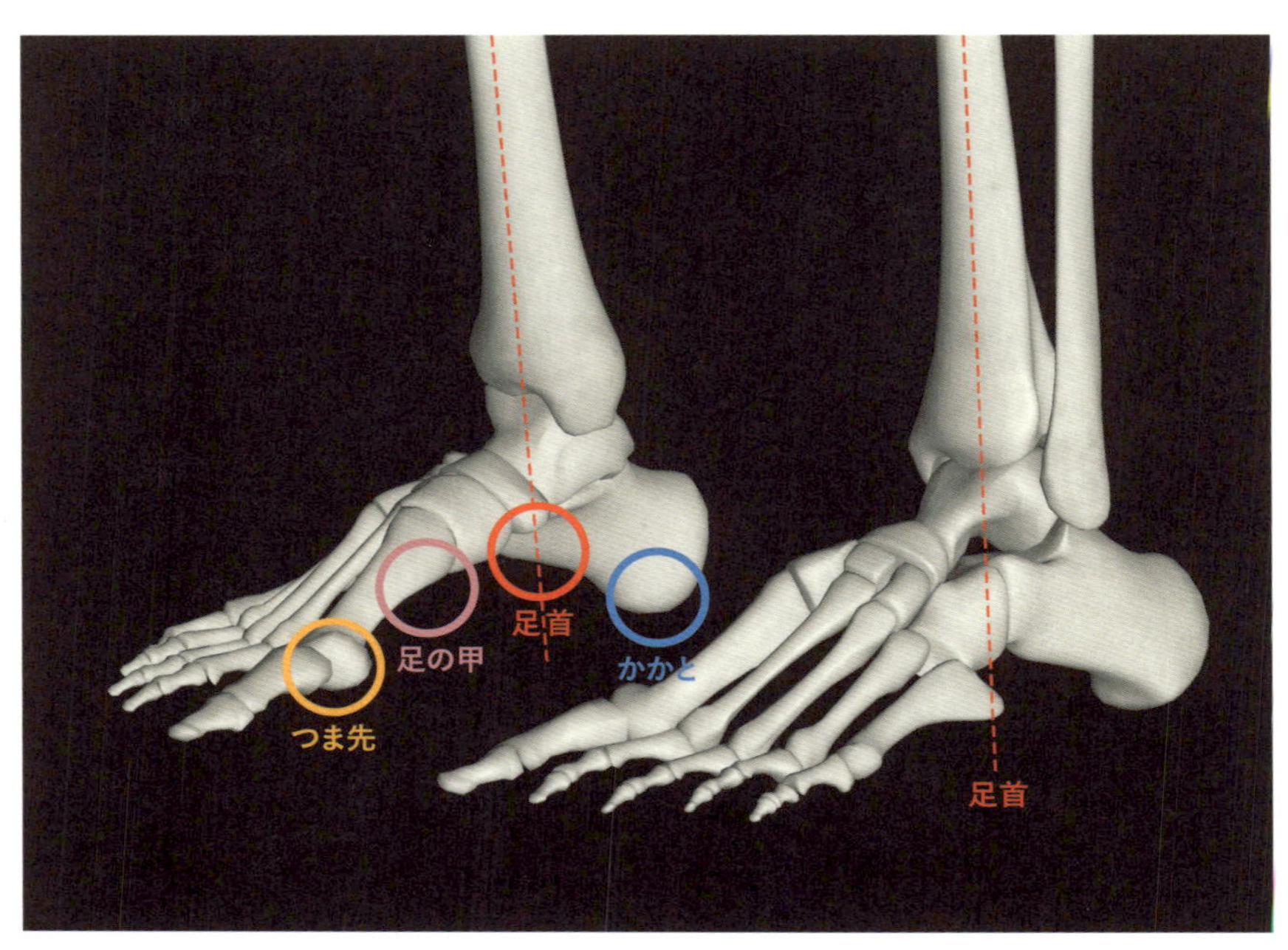

二足歩行を進化させた人間は、長さ20数センチの足で、身体を支えています。骨格図を見れば、足のどの骨で身体を支えているのか、おおよそ見当はつくと思います。

足は大切なセンサーです

身体を支えている頭部から足までの骨の位置や関節の微妙な角度を調整するダイナミックバランスは、外見の動きからは見えにくい、あなたの身体の中の微細な運動であることはお話ししました。地上で身体のバランスをとるための接点は足です。足の中には手とほぼ同じ数の骨のピースがあり、それをいくつかの腱や筋肉で支えています。足はおよそ顔の半分の大きさで、そこには様々なセンサーがあることはご存知ですね。足のどの部分を中心にバランスをとっていますか？　つま先（図A）、足の甲（図B）、足首（図C）、かかと（図D）のどこですか。これを知るエクササイズから始めます。

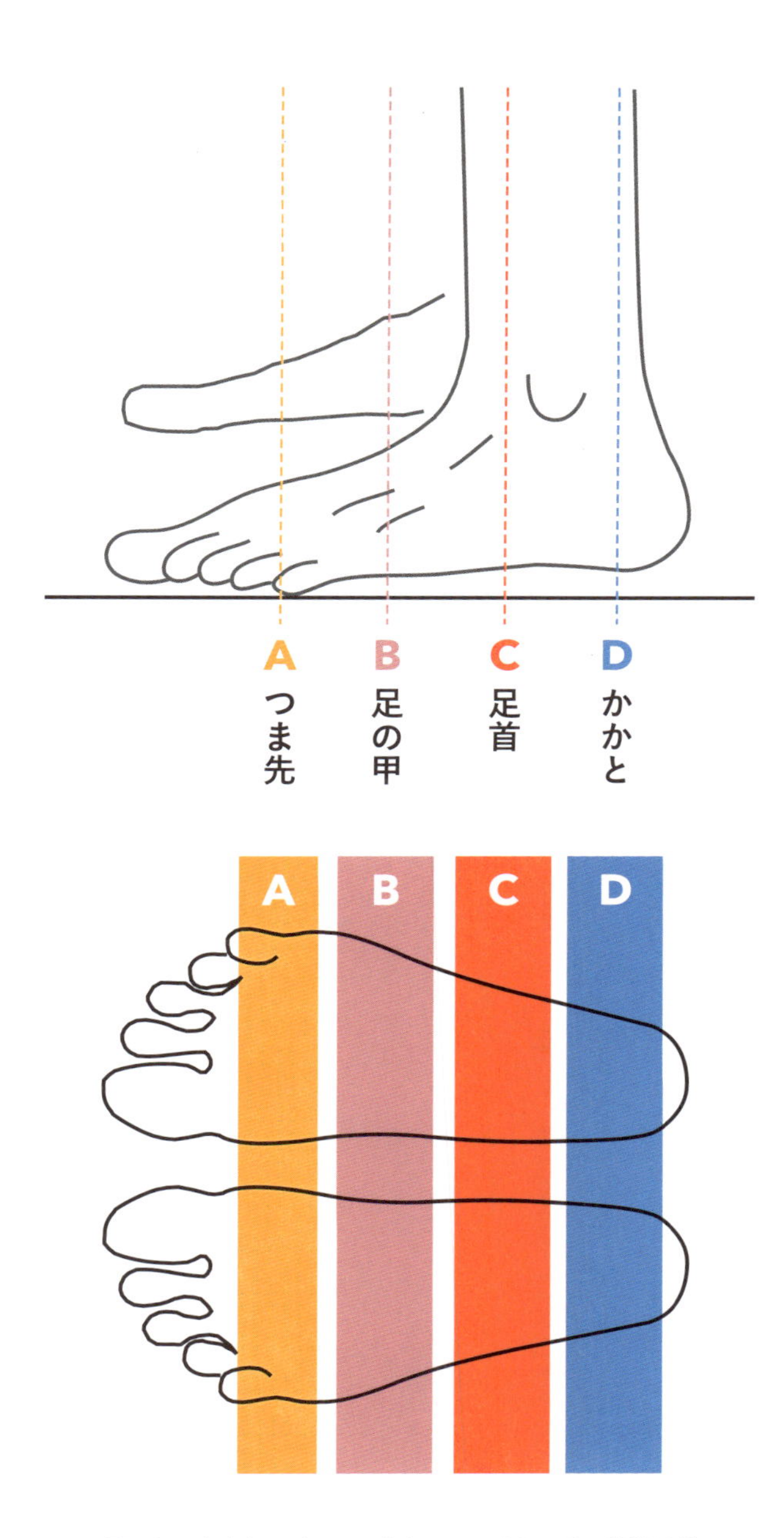

足のどこを中心にバランスをとっているか、その意識は足のどこのあるのか確認しましょう。わかりやすくするために、足のつま先、足の甲、足首、かかとに4分割しました。

バランススティックで正しい足の中心を知る

バランススティックとは幅8㎝の角を丸めた棒のことです。この棒に乗り身体の骨や関節の位置を変え、屈伸運動、片足立ちなどを試してみると、身体の中心からの動作感覚が身体で感じられます。元はサーフィンのバランストレーニングのために考案したものです。初めのうちは壁などで身体を支えて行えば、多少バランスは崩れても、足から身体に伝わる様々な筋肉部位の負荷や骨に乗るダイナミックバランスの中心の感覚を感じることはできると思います。そこで、足よりも幅の狭いバランススティックと名付けた棒に乗って、つま先（図A）、足の甲（図B）、足首（図C）、かかと（図D）、一度目は、ABCDのどこを中心にバランススティックに乗ったでしょうか。二度目、三度目までチェックしてください。何度スティックに乗っても同じ足の位置が中心になるのであればそれがあなたの足のバランスの中心なのです。

これまでのエクササイズ経験から、幅約8cm、高さ3～4㎝、長さ60～120㎝の、上部の角を少し丸めた、足のセンサーが柔らかく感じられる角材を使用しています。

バランススティック：5200円～
(beachschool.com)
※同じような木製の板でもできます。

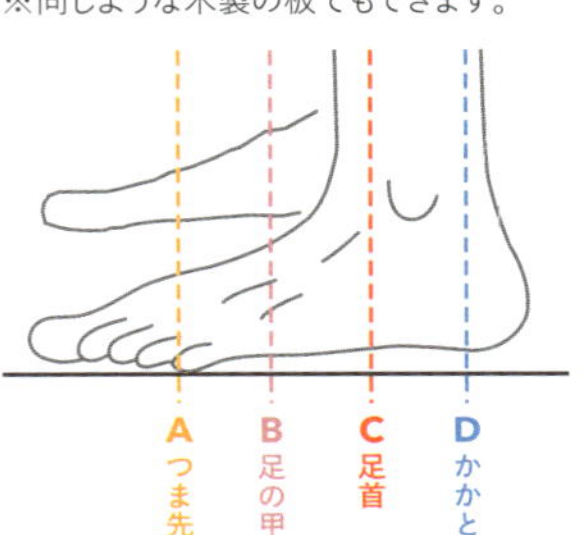

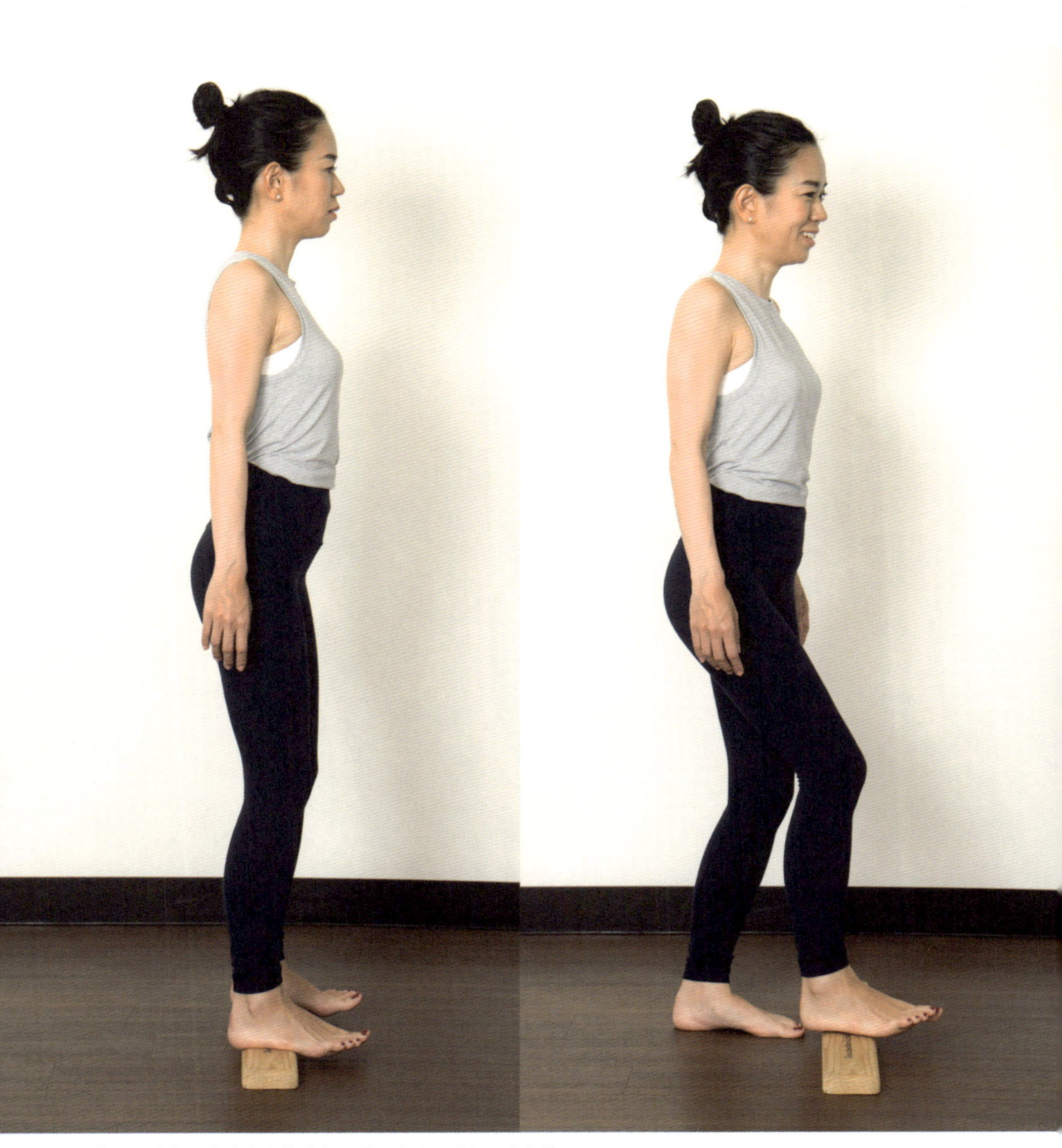

片足の中心に上半身を移動して乗ります。そしてもう片方の足を乗せます。片足ずつ丁寧に乗ることは、ダイナミックバランスの基礎運動としてもとても大切です。

Aの位置

足の甲や足首に力が入る位置ではありませんか？　バランススティックの上では、平らな床と異なり、足の甲や足首やふくらはぎの筋力で支えないとバランスがとれない足の中心です。

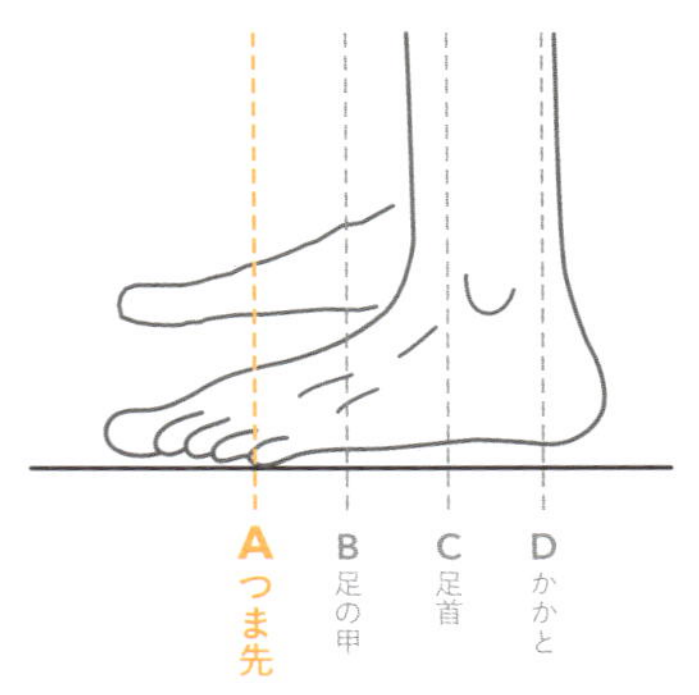

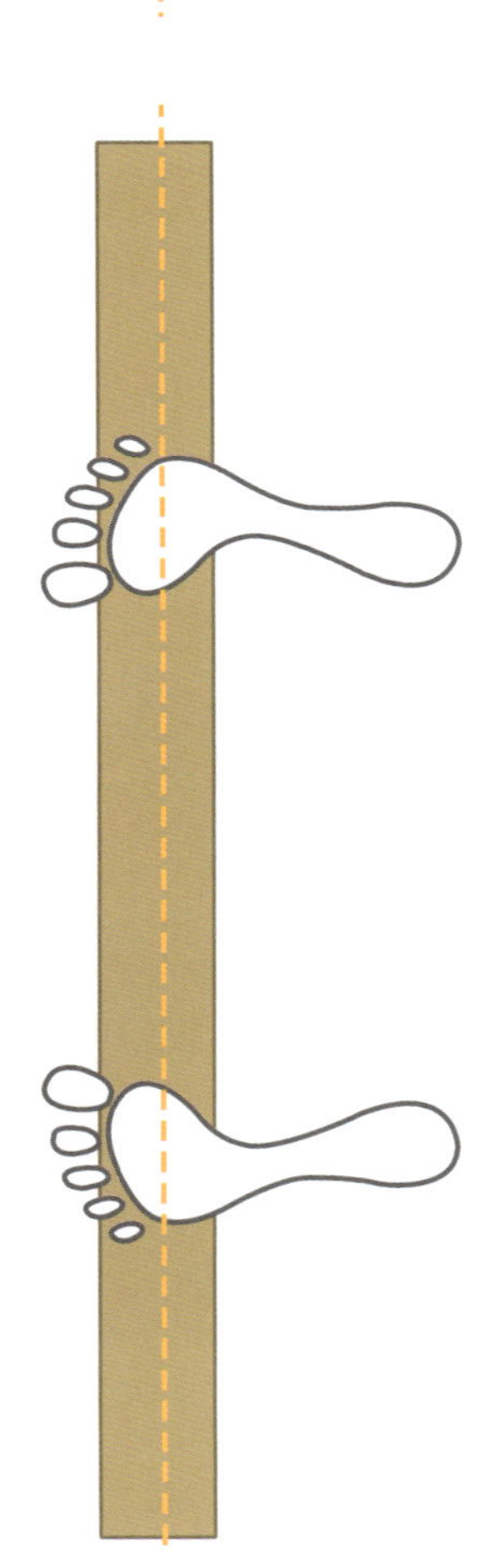

Bの位置

足首や太ももに力が入りませんか？　85～90％の方がBを中心にバランススティックに乗っています。バランススティックの上では、平らな床と異なり、足首やふくらはぎ、膝から太ももの筋肉で支えないとバランスがとれません。

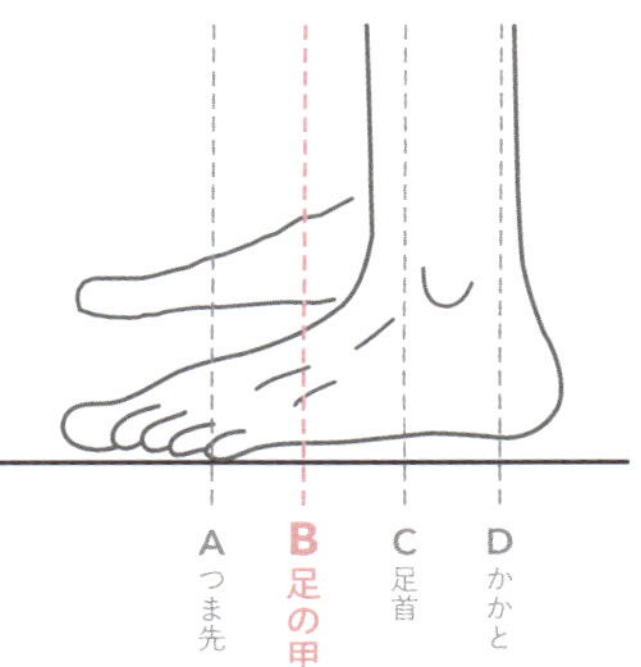

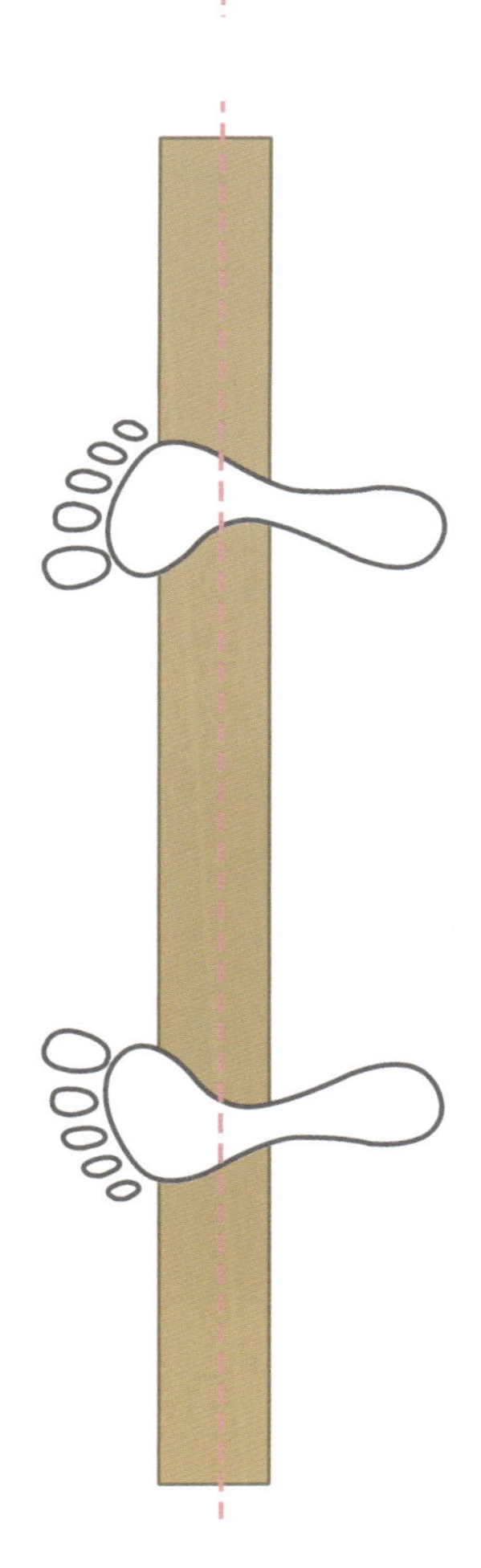

Cの位置

それほど力を入れなくても身体を支えられませんか？　つま先が宙に浮いて不安定に感じますが、肩の力を抜いて膝は深く曲げず、腰を背側に出すようにバランスをとれば安定します。**バランススティックに乗って最もバランスの良い足の中心は、足首Cです。**

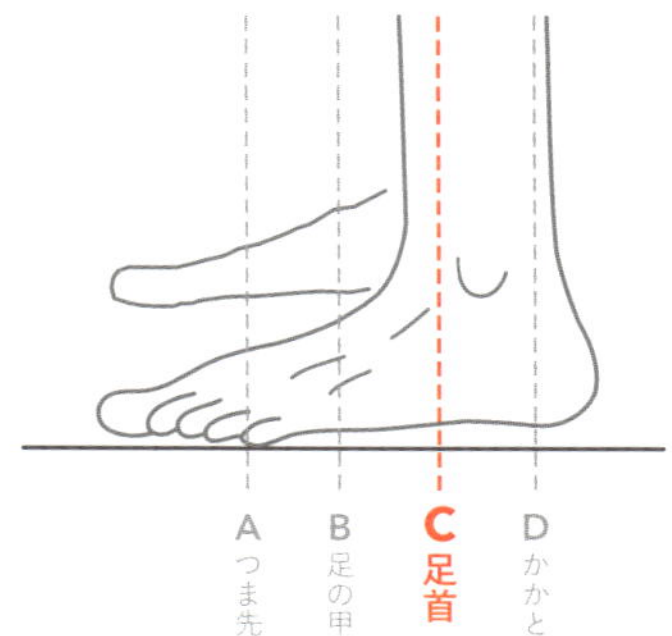

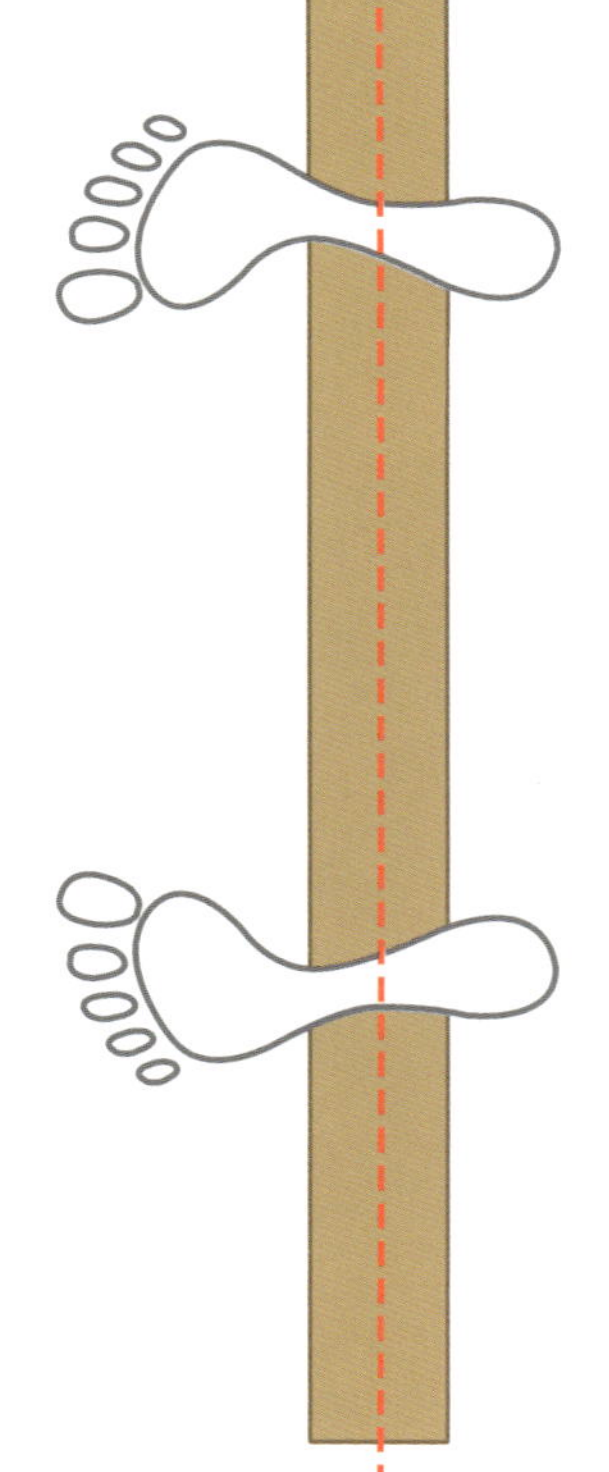

Dの位置

C同様それほど力を入れないで身体を支えられますが、後ろにバランスが傾きませんか？　今まで足の甲Bでバランスをとっていた方は後ろに転倒する感じになります。これも肩の力を抜いて膝は深く曲げず、腰を背側に出すようにすると安定します。

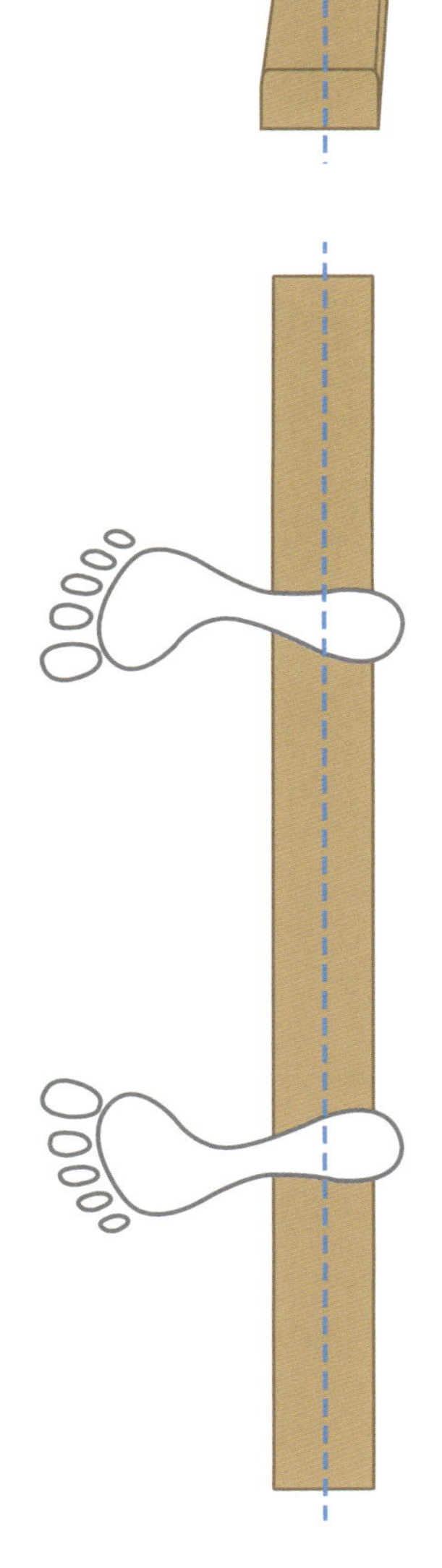

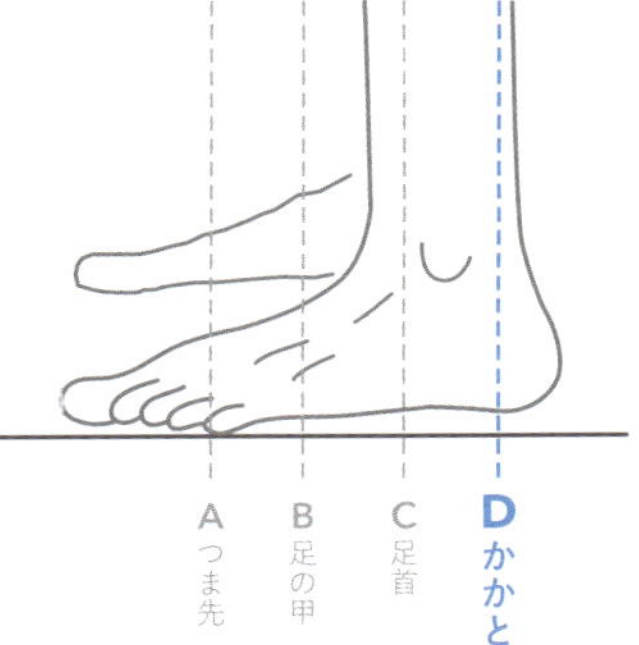

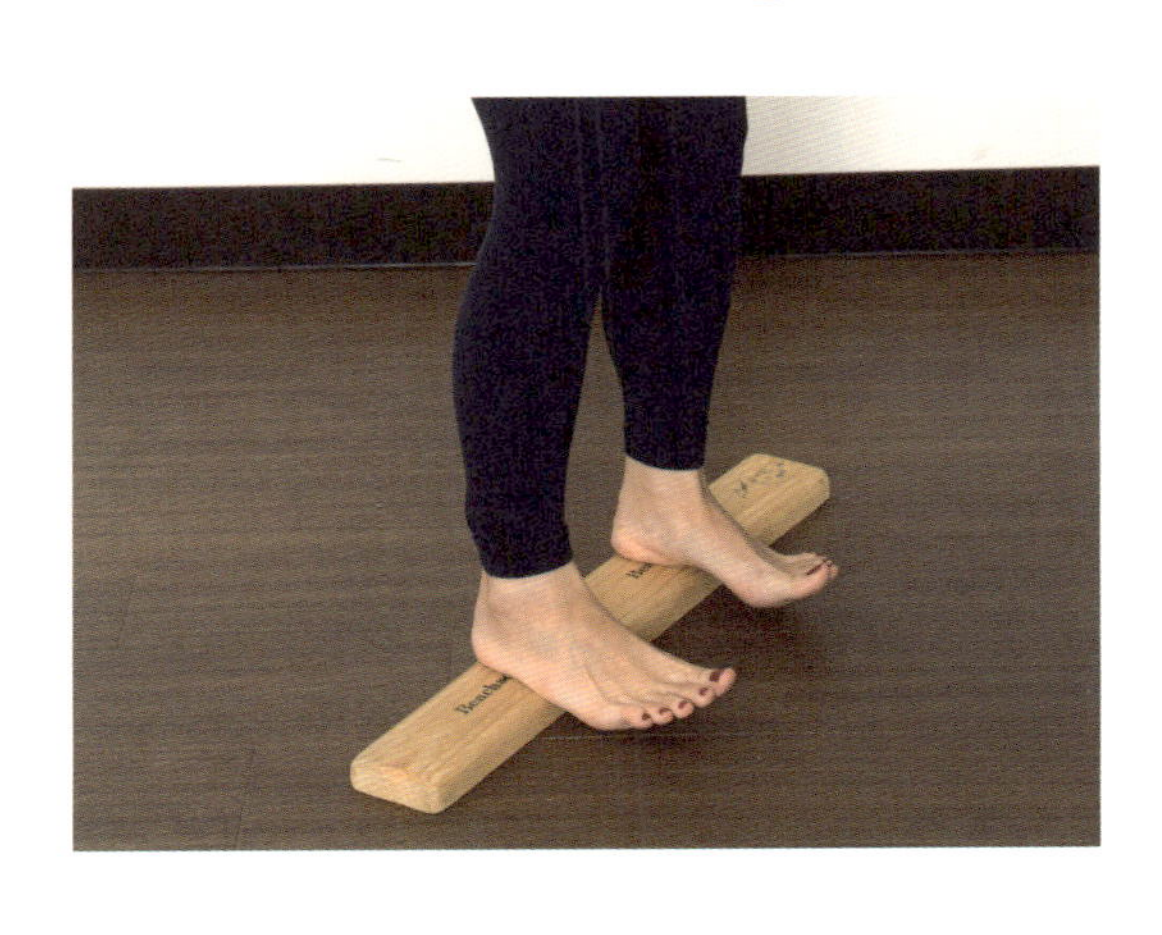

膝を曲げる運動を繰り返してみます

足の甲Bを中心に乗って膝を曲げると、足裏全体では支えきれず太ももの筋肉まで使った筋肉運動が始まります。この足の甲が中心のバランスは、短距離走での筋肉運動が起きやすいバランスなのです。

足首Cで膝を曲げると身体は腹側(前)に傾いてきます。

かかとDを中心に乗って膝を曲げる運動を繰り返してみると、初めはふらつくかもしれませんが、次第にバランスが安定する感じがするはずです。かかとが中心に乗ると、足首に力は入りません。太ももにもそれほど力を入れることはありません。膝を曲げる動作を腰がカバーしているのを感じます。足首や太ももに負担が少ないバランスです。

＊

一度目は、ABCDのどこを中心にバランススティックに乗ったでしょうか。足首Cが最もバランスの良い足の中心であることが実感できましたよね。この位置に確実に乗ることができるように、何回も乗り降りして身体に覚えこませてください。

○ 腰を後ろに押し出すように曲げる

［俯瞰図］

バランススティックに、足首を中心に乗ると、足首に負荷はかかりません。膝はできるだけ曲げないように、意識して腰を背側に出す動作を先行すると、筋肉の負担も少なく、下半身も自由に動作できる姿勢になります。

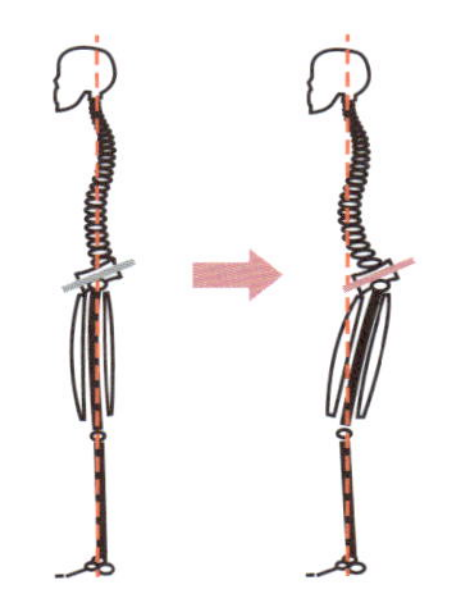

骨に乗れている状態　腰が後ろに出た状態

足首を中心に乗り、腰を背側に出す意識ができると、筋肉の負荷が少ない、骨に乗る姿勢になり、バランスを崩しても容易に復元できるようになります。それはすべての滑走スポーツで、最も スピードが出る姿勢なのです。

× 膝を前に出すように曲げる

［俯瞰図］

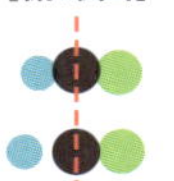

バランススティックに足の甲を中心に乗ると、足の甲で身体を支えることになり、足首に力が入り全身の筋肉で支えることになります。膝が曲がると、腰は腹側に出る猫背のバランスになり、腰にも負荷がかかる姿勢です。

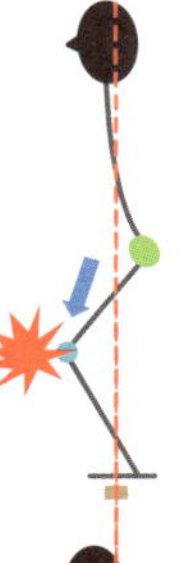

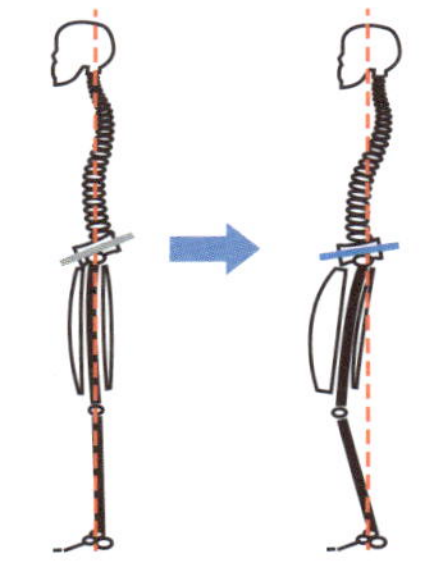

骨に乗れている状態　腰が前に出た状態

身体を筋肉で支える動作になると、下半身の動きは止まってしまいます。特に腰が自在に動かなければ、踏ん張る動作になって、バランスの操作は難しくなります。バランスが悪いのではなく、やり方が間違っているのです。

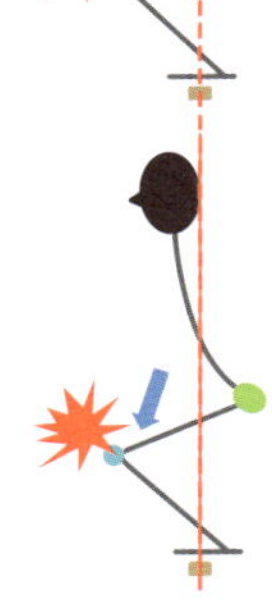

次のステップはバランスドームで歩き、走りを修復です

次は日常では意識することも、感じることもない、身体の中心で360度全方向に、骨と関節でバランスをとる動作練習です。

凸凹した地面などでもバランスの良い歩き、走りをさらにしっかり体感するエクササイズです。

バランスドームと名付けた、直径15～20㎝のボールの空気を少し抜いて、楕円球のドーム型にしたものを使います。

HOECOUSA

片足でバランスをとる

日常の環境では、意識して片足バランスになることはありません。それが歩行や走法、そして姿勢やバランスに支障をきたす原因にもなっています。まずはバランスドームに片足でバランスよく乗ってみましょう。バランススティックで体験した時と同じように、膝はあまり深く曲げないように、腰からの屈伸を意識して乗ります。さらに中心を意識するために、かかと寄りを意識して片足を乗せます。腰からの動きで真上に伸び上がってください。腰でバランスをとると身体が柔らかくスムーズに真上に伸び上がり安定します。

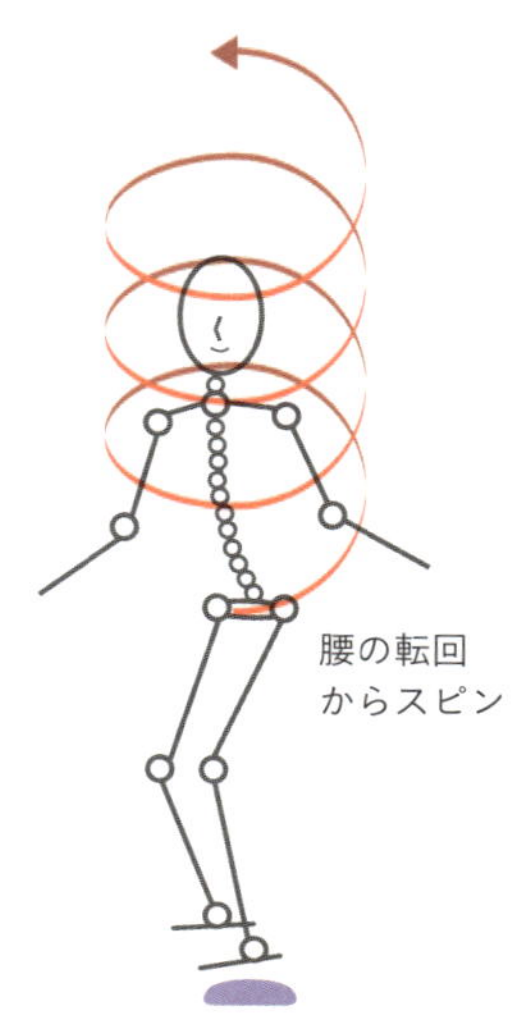

バランスドームに乗った片足バランスのイメージ図です。身体が最も安定する片足のバランス姿勢は、前足でバランスをとり、腰を90度図のように転回し、腰を微振動させてダイナミックバランスを感じるのです。

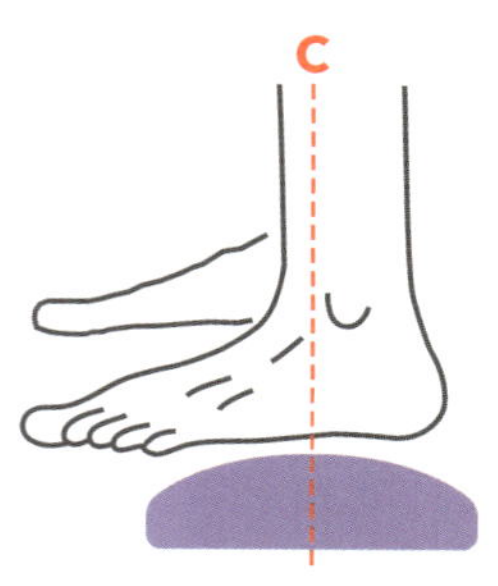

足首（C）を中心に片足でバランスドームに乗ります。前後180度、左右180度のダイナミックバランスを試してみると、関節が無理なく動き、身体を骨で楽に支える姿勢を見つけることができます。

右足と左足両方を試してください。バランスがとりやすい足と少しバランスが悪い足があります。バランスが悪いほうの足は、①膝の位置が左右にずれていると、バランスドームの真上で楽に上半身を支えられません。②腰ではなく太ももでバランスをとろうとしていると、ダイナミックバランスは機能しません。③腰を背側に出すようにして片足を支える最も良いポジションを身体で感じてください。写真ではバランスパッドに乗り、腰を微振動させています。バランスドームよりさらにダイナミックバランスの機能を感じることができます。

バランスドーム：1kg 498円〜、2kg 698円〜
（「カインズ」各店でウエイトボールとして販売）
バランスパッド：2000円〜（beachschool.com）

凸凹上でバランスをシミュレーション

子どもたちの歩き方走り方を修正するトレーニングとして、いくつか並べたバランスドームの上を、片足で2〜3秒保ちながら歩いてみましょう。多くの子どもたちはまだ足の甲を中心にバランスドームに乗ろうとします。しかし足の甲を中心に足を乗せると、足首から膝そして太ももに力が入って、二歩目三歩目とバランスドームの上を歩いて行くと、必ずバランス

バランスドームやバランスパッドにバランス良く乗るには、踏ん張るのではなく、乗っている片足側の腰を背側に引いて小さく微振動させます。すると、腰を中心に、楽にバランスを保つことができます。

を崩します。足首からかかと寄りで乗るとバランスを崩さずに歩くことができるようになります。腰を中心に上半身が伸び上がる運動を加えてバランスをとってみると、片足バランスの中心は腰であることがしっかりと理解できます。

右足ダイナミックバランス

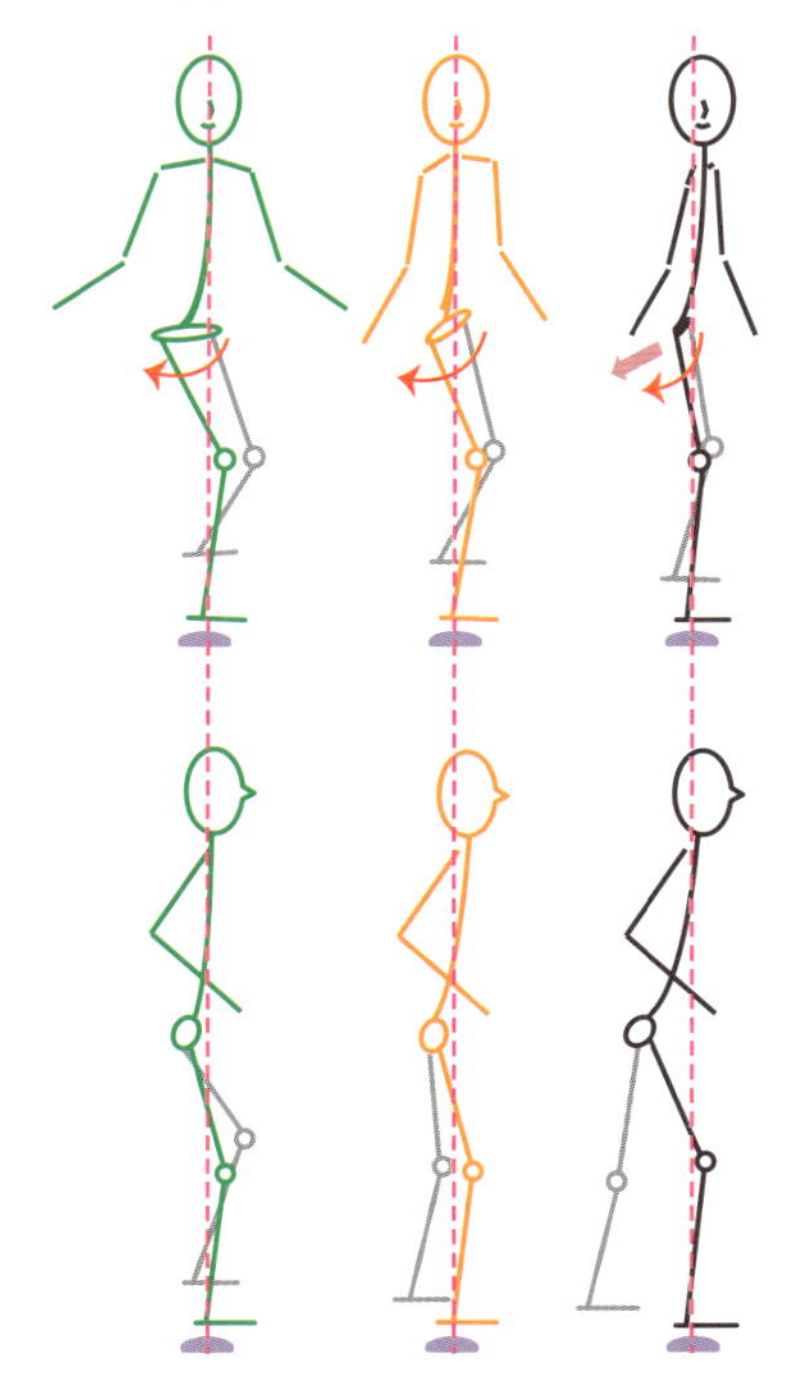

左足ダイナミックバランス

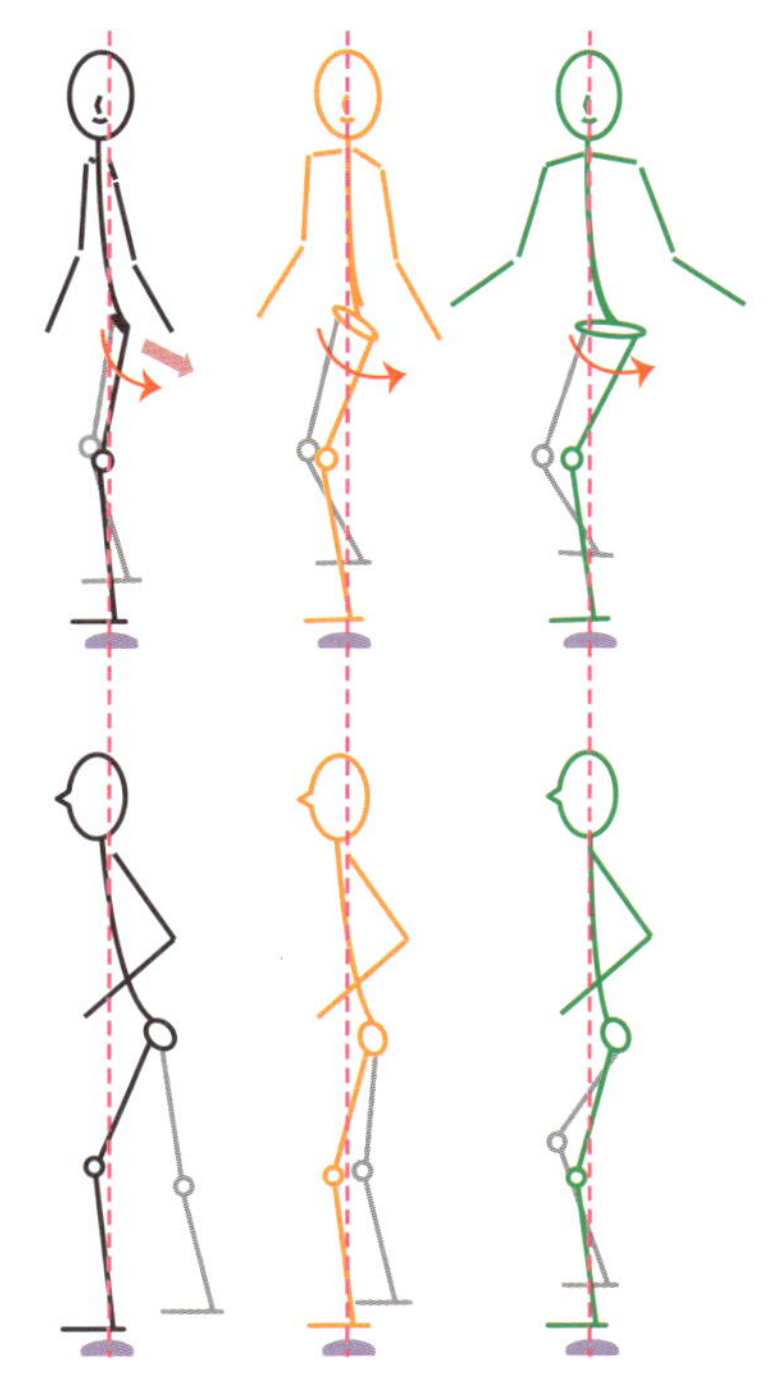

バランスドームに乗せている片足で支え、後ろ足は浮かす

腰を90度転回してバランスドームに乗る

バランスドームの中心に身体を乗せるには、片足バランスのように腰を外側に出すだけでなく、腰を90度転回させることで、腰が身体の中心に収まる体勢になります。この体勢を身体に記憶できると、片足の究極のダイナミックバランス、つまり360度全方向へ素早い移動が可能で、武術や舞踊などの究極の腰さばきになるのです。サーフィンをはじめとするヨコ乗りスポーツの基本バランス動作も、この片足バランスの姿勢から始まるのです。

さあ、ダイナミックバランスの最終ステップです

墨田区立両国小学校

バランススティックで、足の正しい重心の位置がどこなのかを知ることができました。バランスドームは普段あまり歩かない凸凹した地面やぐらぐらした足元でもバランス良く歩いたり、走ることができる身体バランス体感のエクササイズでした。ここからは日常生活では全く体験できないエクササイズです。円弧の断面（緩い曲線の円筒）の箱の上にサーフボードのような板を乗せたものを使います。これをバランスキューブといいます。ここに乗って前後左右の揺れを体感するのです。揺れる板の動きは、私が海や山のスポーツで、波による揺れや雪面の傾斜、凸凹を〝揺れ〟ととらえて、シミュレーションするために考案したものです。ダイナミックバランス体感の仕上げのエクササイズです。

SURFING
BALANCE CUBE
Beachschool.com
SURFING
BALANCE CUBE
Beachschool.com

片足をバランスキューブの中心に乗せ、その片足の上に腰から上半身を乗せます。あわてて乗らないように注意しましょう。この片足の乗り降りだけでも大切なエクササイズになります。

バランスキューブに乗ってみよう

バランスキューブは身体の前後と左右１８０度のダイナミックバランスを感じる用具です。

片足ずつ乗って両足をそろえてみましょう。

足の中心である足首がキューブの中心にくるように乗ります。

初めは壁の近くなど、なにか支えることができる、

上面がゆるい曲線になっている30㎝四方の箱の上に、サーフボード状の板をのせたものです。

バランスキューブ：2万8500円
補助ボード：4600円～
（beachschool.com）

足の中心を意識して伸び上がってみましょう。この身体の伸び上がりが、気持ち良く楽に感じられれば、以前より姿勢やバランスは改善されていると思います。

またはつかまるものがあるところで行ってください。
ボードに乗るのが不安だったら、
バランススティック体験を思い出して、
腰を背側に出すようにして、
ほんの少し膝を曲げる姿勢でバランスをとります。
ひとりで行うのが不安な場合は、
誰かにサポートしてもらってください。

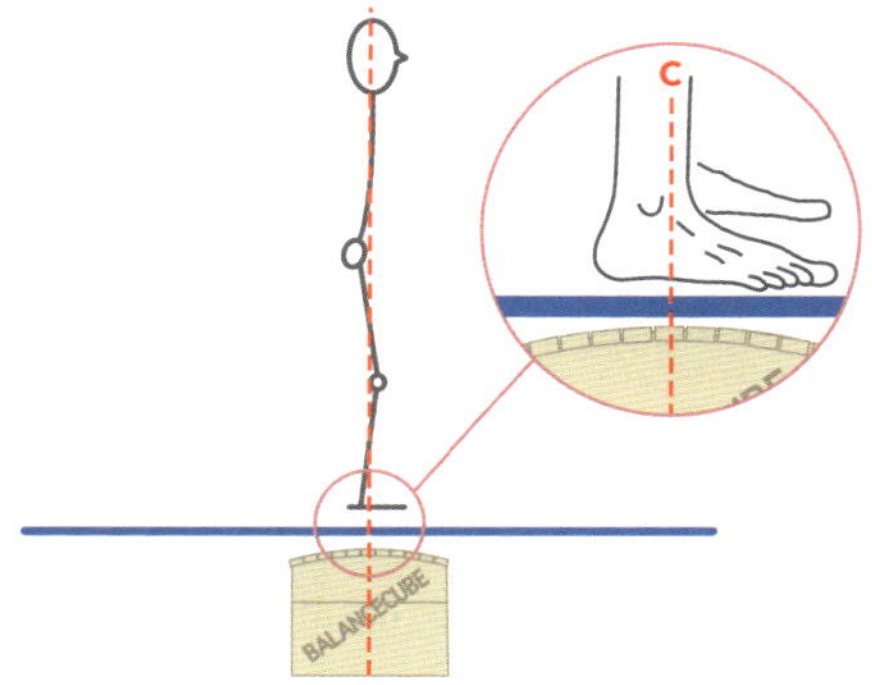

ボードは箱（キューブ）に対して水平に置きましょう。箱の中心に足首Cがくる位置に乗ります。

足首が足の中心にあり、膝をできるだけ曲げずに腰を背側に出すように屈伸すると、バランスキューブが上下に揺れることなく安定します。これがダイナミックバランスです。

ボードを上下に揺らします

バランスキューブの上のボードを、他の人に上下に柔らかく揺すってもらいます。ちょっと背側に倒れそうになる感じならば、腰を

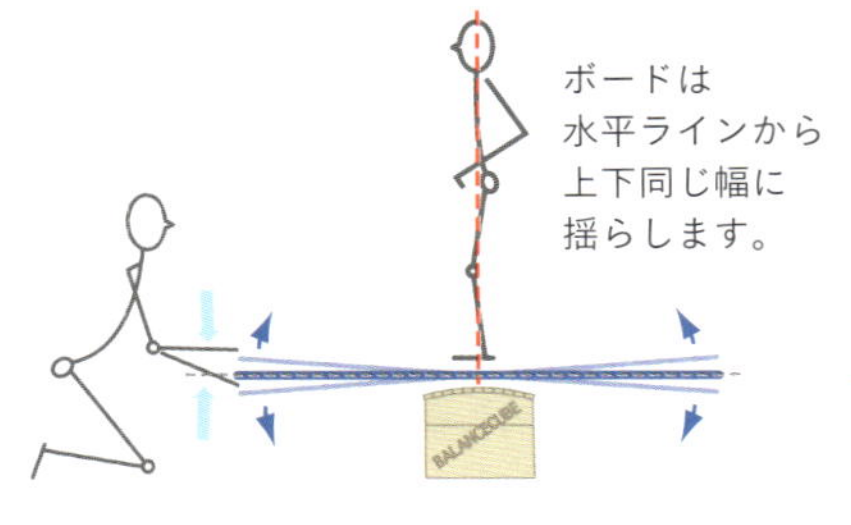

ボードは水平ラインから上下同じ幅に揺らします。

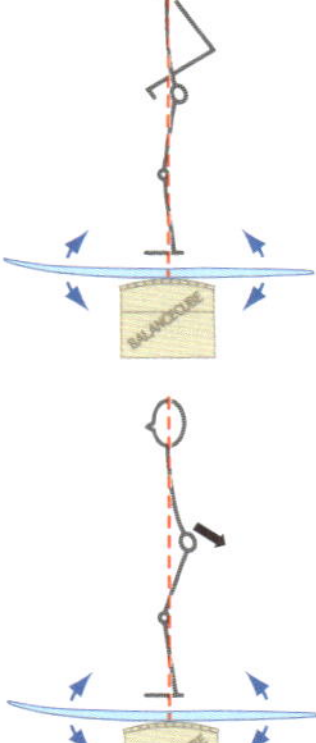

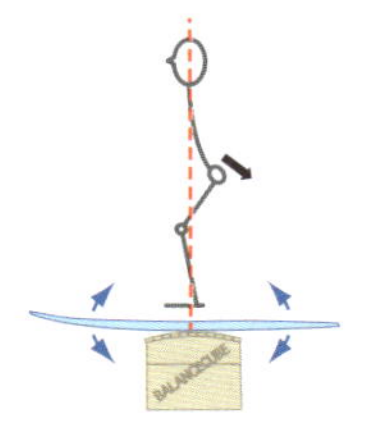

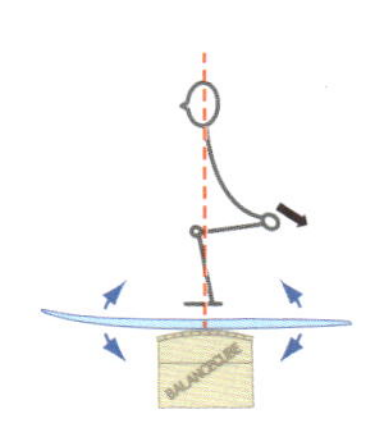

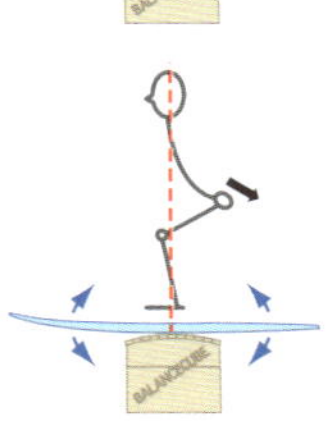

バランスキューブの中心に足首があると、膝が曲がらないように腰を背側に出すことで、ハムストリングを意識できます。太ももに負荷がかからないため、揺すられてもバランスを保てます。

足首がバランスキューブの中心にあっても、足の甲やつま先に意識があると、膝でバランスをとり太ももに負担がかかり、身体が硬直してバランスが悪く、怖い！　と感じる瞬間になります。

背側に出して、足首よりかかと寄りに乗り、リラックスした姿勢をとってみましょう。身体は前後に揺れることなく中心に留まっていられます。これが、骨で身体をバランス良く支えているダイナミックバランスなのです。え！　何これ！　板は揺れているのに、身体は安定している！

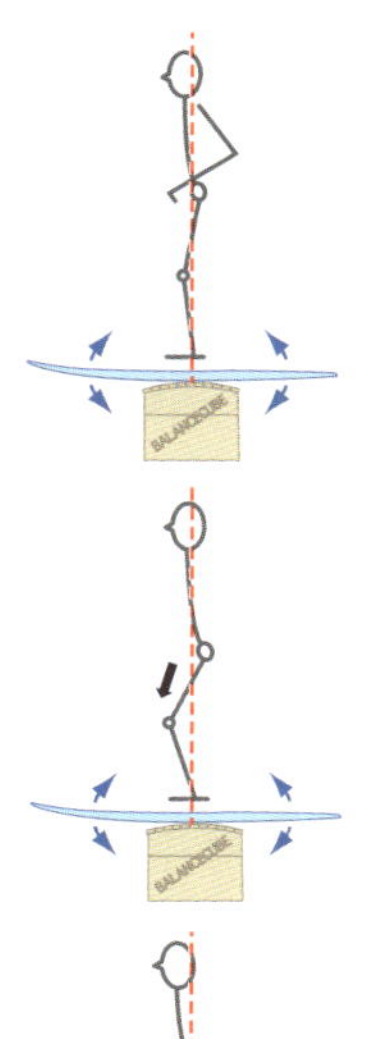

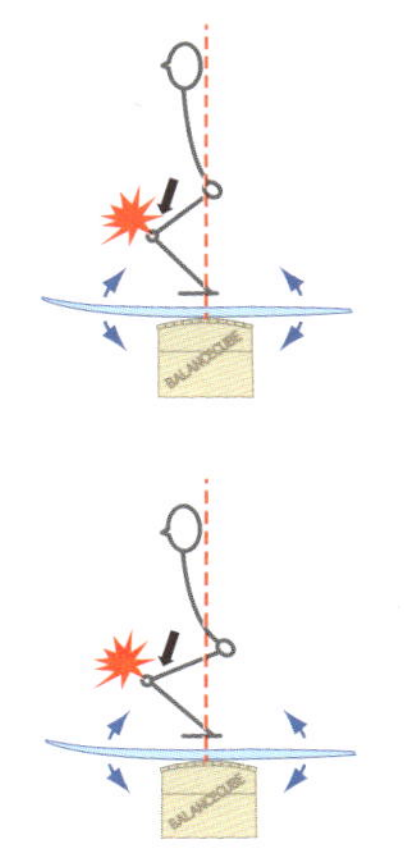

足の甲でバランスをとる癖が出てしまうと、膝が曲がり太ももで上半身の体重を支えることになります。太ももで踏ん張ると、身体に力が入り、膝でバランスをとることで不安定に前傾します。

バランスがくずれたとき

もしバランスキューブの上で、バランスが不安定になったと感じたら、バランスを復元する動作として、力まず真上に伸び上がる動作をしてください。棒や傘やバットなどを手のひらに垂直に立て、バランスをとる遊びをしたことを思い出してみてください。下部の中心で前後左右に振幅運動させた

バランスキューブでバランスが不安定になったと感じたら、腰を背側に出す動作から真上に力まず伸び上がってみましょう。真上に伸び上がる動作もダイナミックバランスです。

り、真上に押し上げるようにするとバランスを保つことができましたよね。身体の重心を足首から少しかかと寄りにしてバランスキューブの中心に乗ると、身体はダイナミックバランスで支えられ、身体の力が抜けているのに安定している、不思議な感覚を身体で感じることができます。

片足バランスで乗ってみよう

足首を中心にバランスキューブに乗ります。板が上下に揺れはじめた時、足首に力を入れてしまうと膝から太ももまで動きが止まってしまいます。すると板の揺れに、硬直した身体が同調して、大きく揺れ始めてしまうのです。片足のダイナミックバランスを機能させるには、上半身の背骨と幅のある腰と脚の骨の位置が重要になります。正面から見ると腰が左右に移動することで右足が軸ならば腰を右側に出してバランスを保つのです。

前後に揺れるボードの上で片足バランス

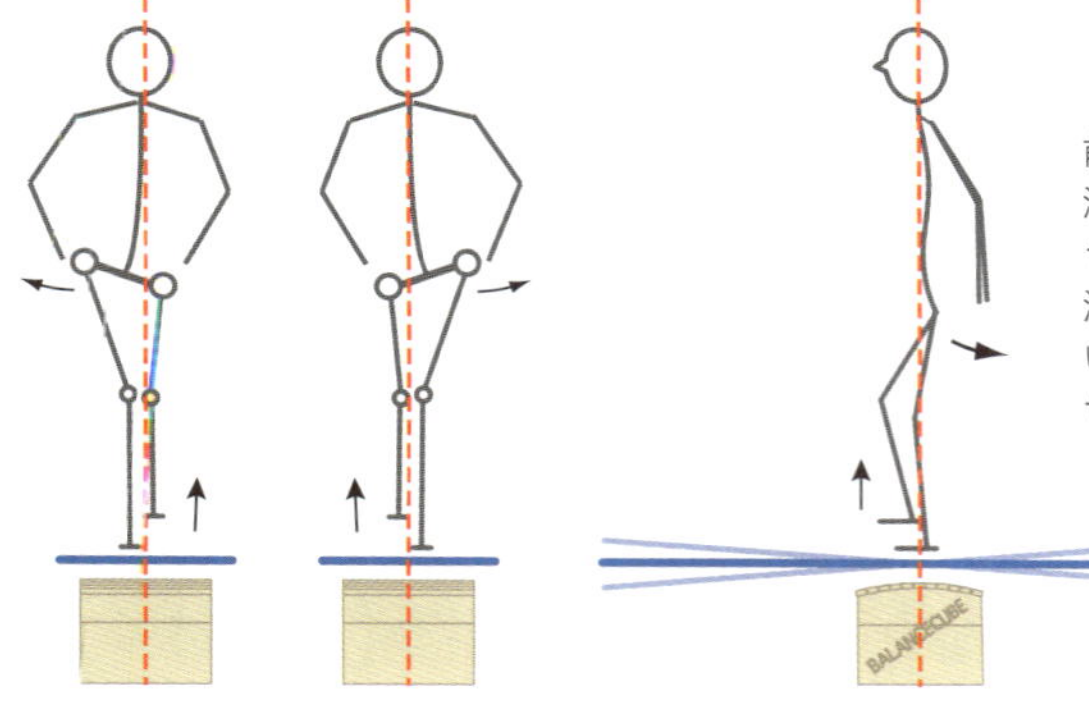

前後左右どちらに揺れる場合でも、浮いている片足は、できるだけバランスをとっている片足の近くに。浮いている片足ではなく、支えている片足でバランスをとるエクササイズなのです。

左右に揺れるボードの上で片足バランス

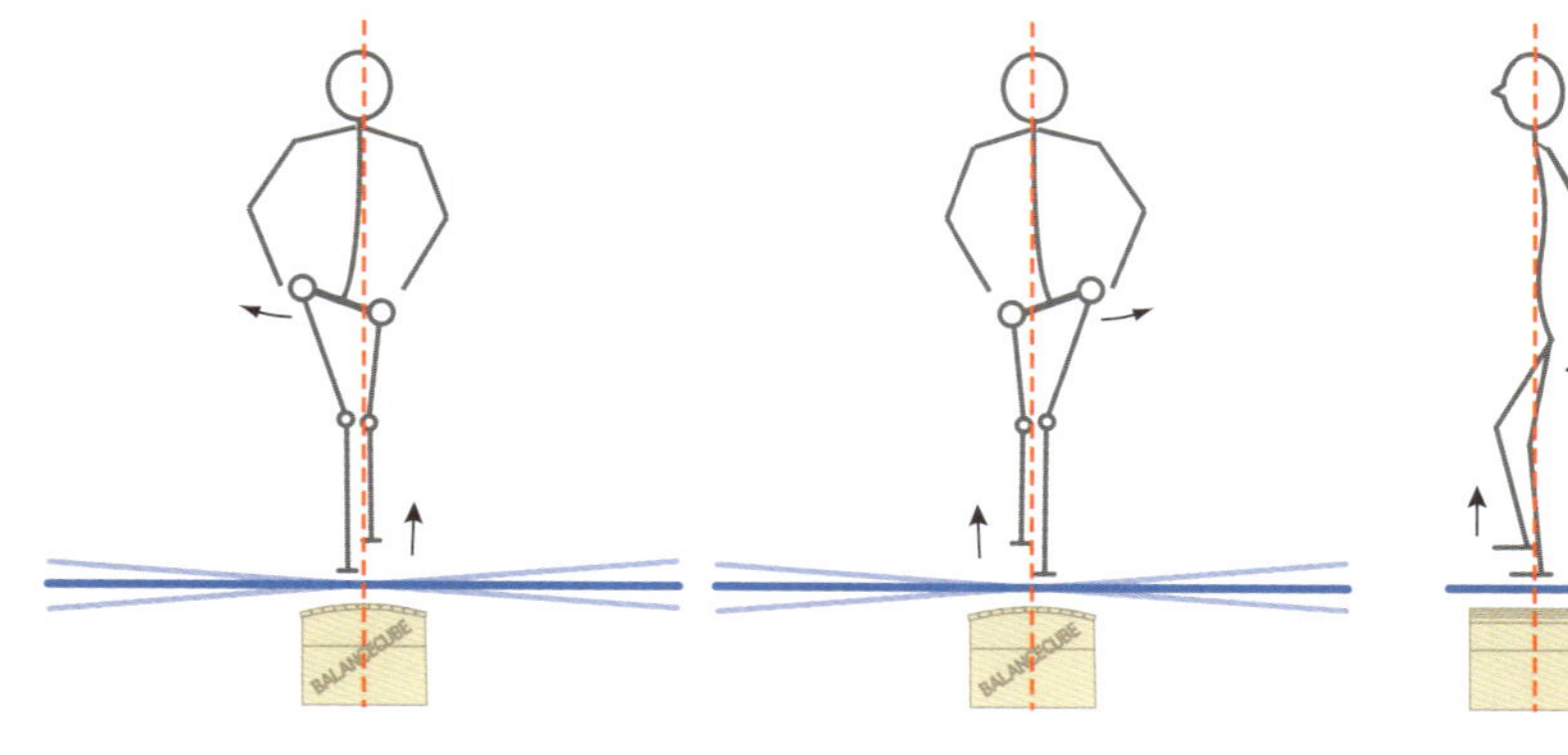

右足でバランスをとるなら、腰を背側にそして右側に出すことで、背骨の中心と右足の内側にバランスの中心がきます。究極の片足バランスのエクササイズをしましょう。

左足なら腰を背側にそして左側に出します。日常の運動より極端な動作に見えますが、身体がバランスの中心を極めるには、ここまで骨格の位置を意識する必要があるのです。

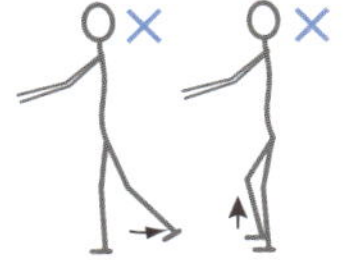

軸になる片足でバランスをとれるように練習してください。このイラストのように浮いた足が前後左右に移動するのは、反対の足でバランスをとろうとしているのです。

フェザリングステップに挑戦

片足立ちでのバランスが安定したら、交互に足踏みすることで、片足バランスよりさらに良いバランス機能を体感できます。片足バランスを同じ位置で交互に行うことで、

身体の中心に戻ろうとする
ダイナミックバランスが機能するのです。
踊るようにステップするこの動作を
「フェザリングステップ」と呼びます。
人間の二足歩行の移動運動から進化した、
定位置でバランスをとるための
大切な運動です。

写真提供：墨田区立両国小学校

バランスキューブの上でフェザリングステップ

足のセンサーの感度をアップするために、まず静止したバランスキューブの上でフェザリングステップします。足首からかかとを意識して、腰を背側に出しできるだけ膝を曲げないことを意識してください。微妙な揺れは起きますが、板が少し上下する程度なら合格で

左足が前のフェザリングステップ

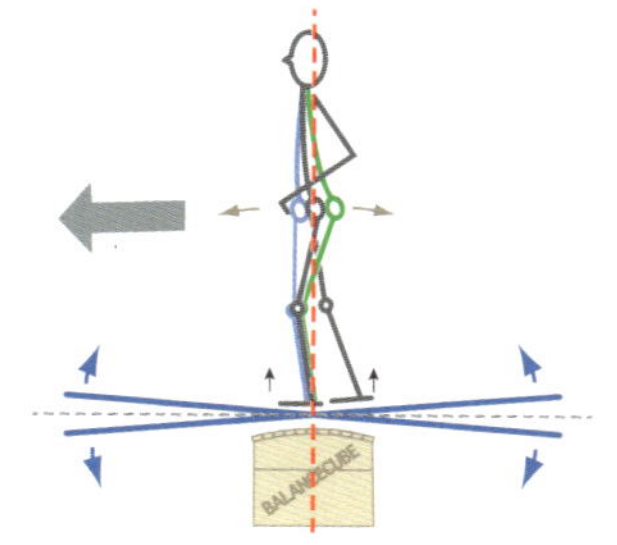

左足が前のステップでは、後ろ足を浮かした片足バランスになることを意識します。前足からステップし後ろ足、前足とテンポ良く足踏みすると、前に進むことができます。

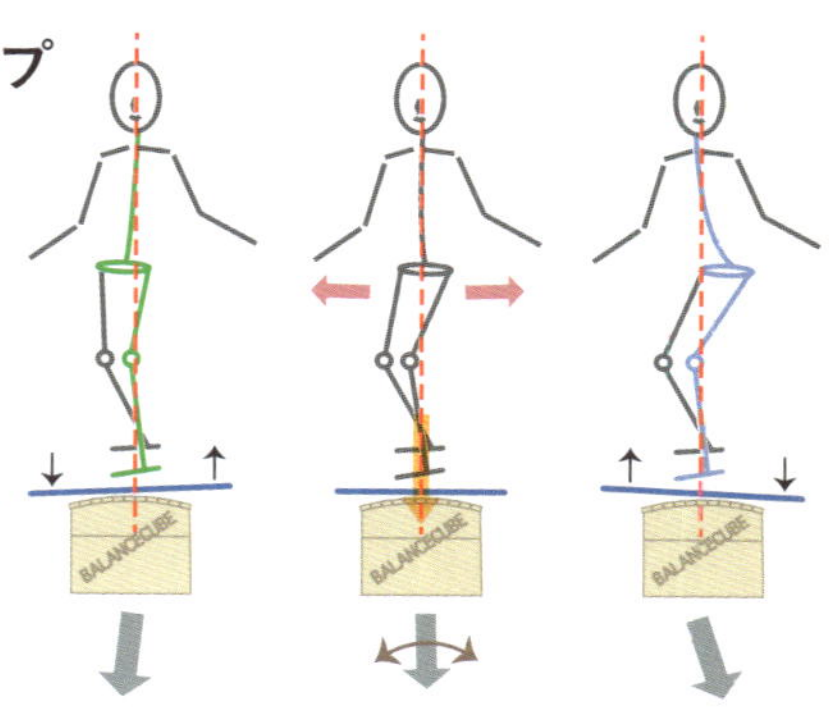

左足が前にスタンスした姿勢からの左右へのフェザリングステップは、左足がほんの少し中心からステップがズレることで、体重移動が起きたほうへ用具が傾き徐々に移動します。

す。足の中心の意識を繰り返し解説するのには理由があります。キューブの上でフェザリングステップのトレーニングを始めると、多くの方が習慣になっている、足の甲の意識で足踏みを始めてしまいます。筋肉で身体を支えようと力が入るのを感じるはずです。そのため頭が左右に揺れる不安定なバランスになってしまうのです。

右足が前のフェザリングステップ

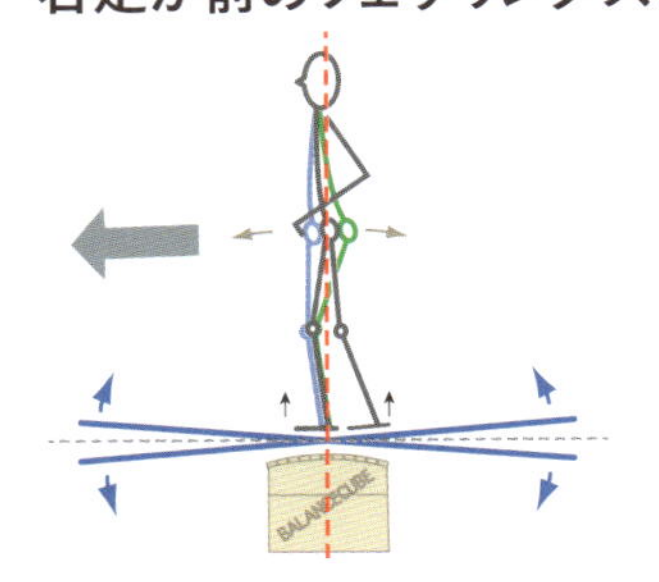

右足が前足になるステップも同様に、後ろ足を浮かした片足バランスを意識してください。サンバのリズムでテンポ良く足踏みします。ただし、後ろ足から足踏みすると前に進む運動になります。

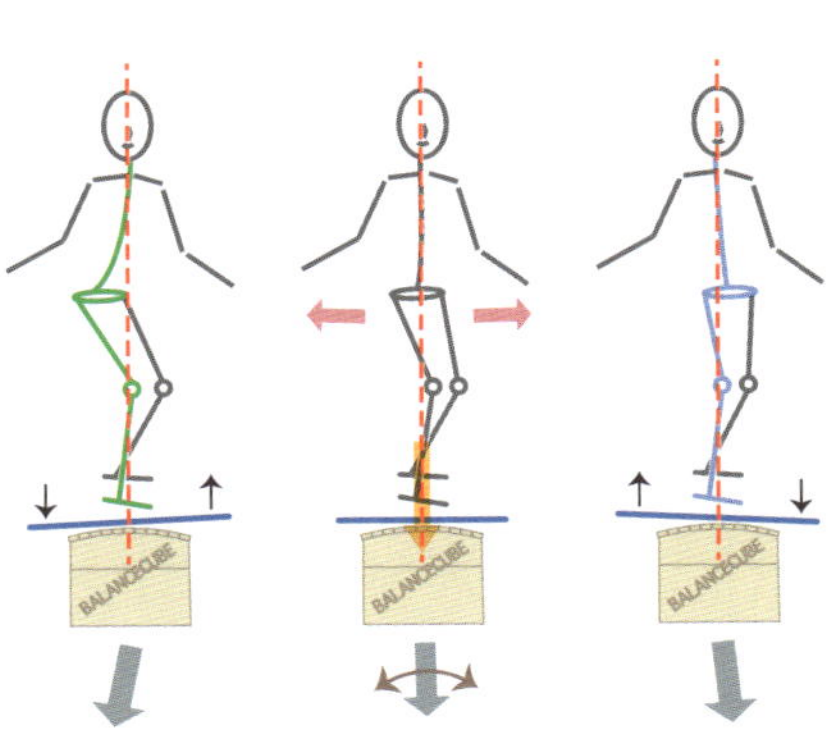

右足が前にスタンスした姿勢からの左右へのフェザリングステップは、右足がほんの少しステップが中心からズレることで、体重移動が起きたほうへ用具が傾く練習になります。

前後左右にフェザリングステップ

サーフィンやスノーボーディングなど、用具の中心に乗り、自然のエネルギーの中を滑走するバランススポーツをご存知ですね。その用具には方向を変える操縦桿やハンドルのような装置はありません。昔のサーフィンのロングボードは、その上を歩いたり踏ん張る

固定のフィンと板状の用具（ボード類）は、体重移動で抵抗が大きいほうへゆるやかなターンを可能にします。体重移動を連続して行うことで負荷の少ない高速ターンになるのです。

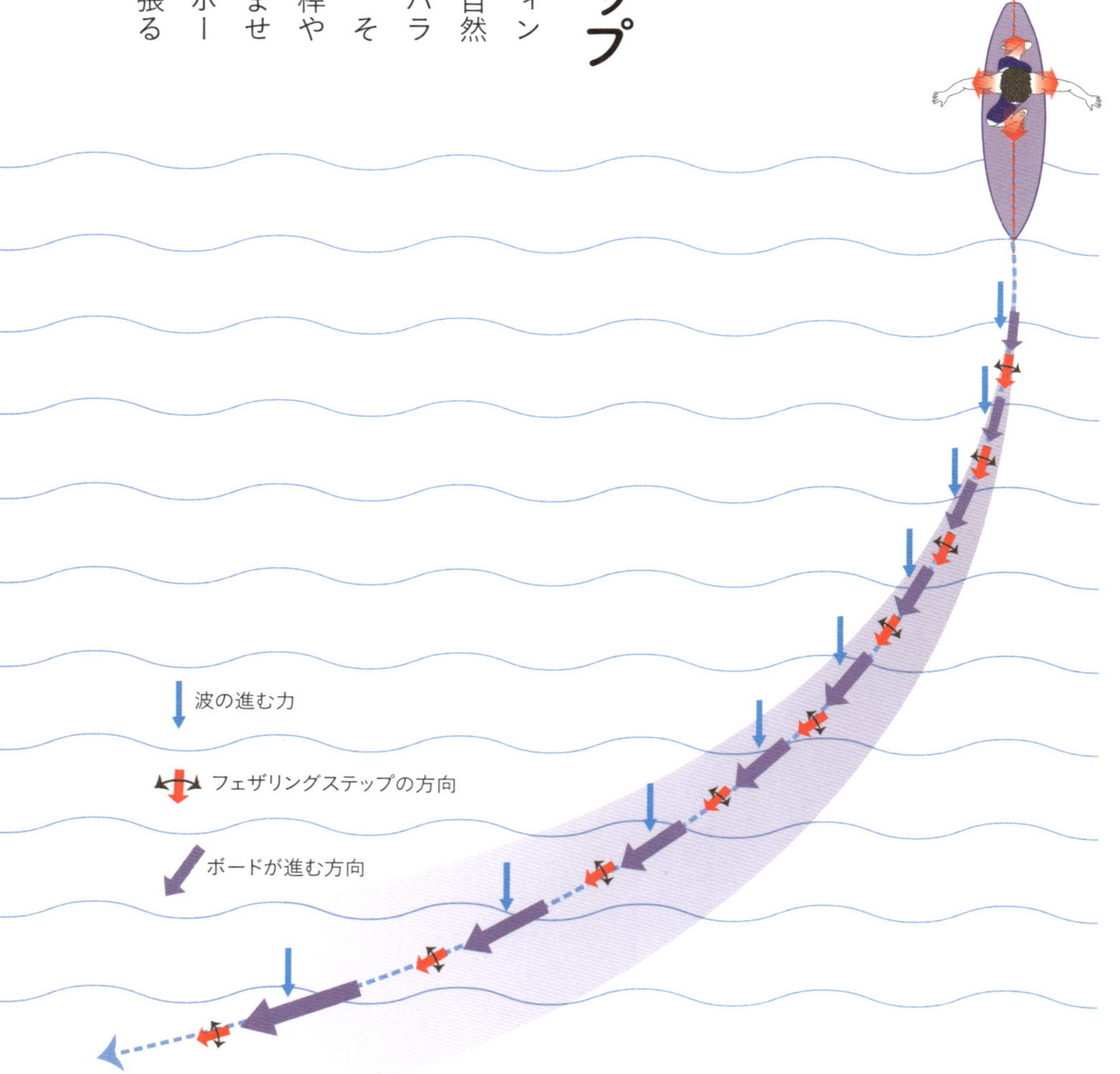

体重移動で操作していました。しかし用具の性能が向上するにつれ、用具の中心でバランスをとれれば、これまでみなさんに体験していただいた身体のダイナミックバランスで十分に操作が可能なのです。そのひとつが、前後左右に身体の中心からの往復足踏み運動で操作するフェザリングステップです。この動作は上級者になればなるほど、身体内のダイナミックバランスが機能します。自然の不規則なエネルギーの中でこの足踏みを行うと、今までに経験したことないスピードやアクションが可能になるのです。

プールでも起きる不安定なさざ波の揺れも、片足バランスの足踏みを繰り返すと、ボードの両足の中心にバランスが集約され安定します。足踏みのリズムに変化をつければ、水の力とボードの動きで、前へと進みます。

電車の揺れはダイナミックバランスで対応できます。レールから伝わる不規則的な電車内の振動に、軽いフェザリングステップでバランスを安定させます。

 墨田区立両国小学校　写真提供：一般社団法人 日本サーフィン連盟

ダイナミックバランスがしっかり体感できたかを確認です

バランススティック、バランスドーム、バランスキューブでの動きがスムーズになったら、このページの動作に挑戦してください。しっかりとダイナミックバランスが体感できているかどうかの確認でもあります。これは、サーフィンのボードに立ち上がる動作を、いくつかの重要なバランス姿勢に分解した体操です。不安定なバランスキューブの上でも、ダイナミックバランスの機能が働けば、それほど全身の筋肉に負荷を感じることなく、楽に立ち上がれます。

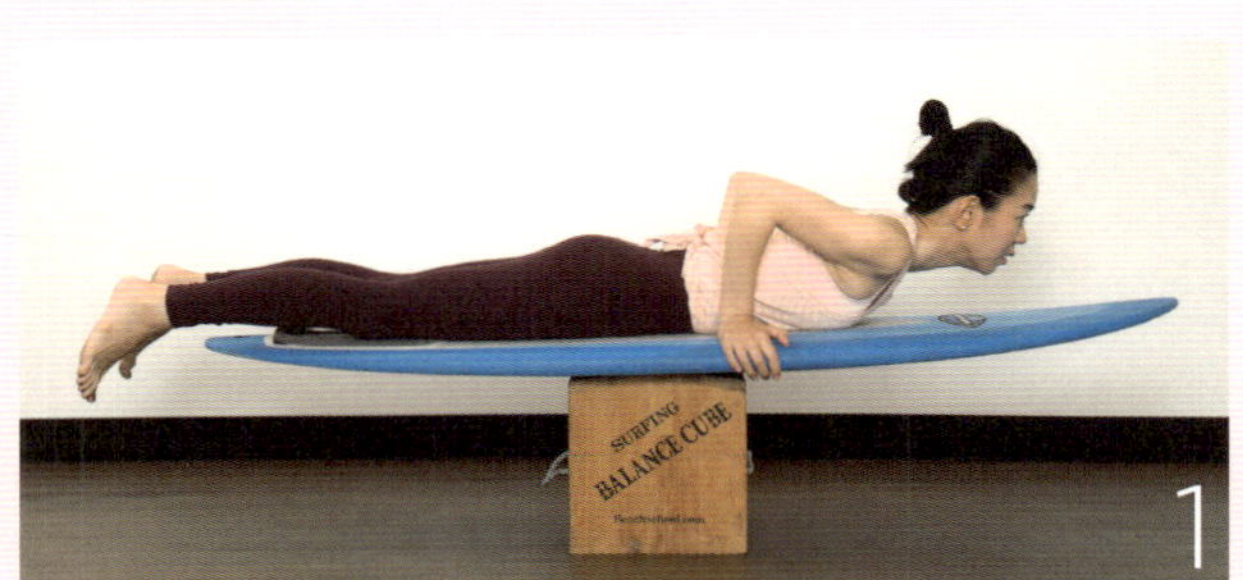

バランスキューブに腹ばいになったら、腰を左右に揺すって全身をリラックスしましょう。両手は腰横に置いて、肩の力を抜き肘を伸ばして上半身を起こします。

上半身を起こす時、慣れるまでどうしても前に突っ込んでしまう気がして、太ももに力が入ってボードの先端が上がってしまいます。ボードが水平になるバランスが理想です。

次に後ろ足の膝を、腹ばいの時におへそのあった位置に乗せます。腰を揺すってその膝でバランスをとってみてください。この姿勢を身体でイメージできれば良いのです。

後ろ足の膝に前足のくるぶしを着けるように置きます。それまで後ろ足の膝でとっていたバランスを前足に移し、前足片足で立ち上がります。床の上で事前に練習してから行ってください。

これまで体験してきた部分エクササイズすべてがつながった感覚を楽しんでください。この動作に筋トレは不要であることも実感できます。動作を身体が覚えるまで練習ですね。

バランスキューブの上で片足バランスになれるということは、もう一方の足をどこへでも好きなところに移動できるということです。バランススポーツは片足が基本なのです。

子どもたちの走り、投げることがスムーズに！

バランスドームやバランスキューブのエクササイズを習得すると、かつては誰もが自然の中で身体学習していた、片足のダイナミックバランスで、筋肉にあまり負荷をかけない走り、歩きになります。

筋肉運動が先行すると、股関節が動きにくく、片足で正確にバランスがとれません。上半身（頭）を左右に振って、全身が力んでしまいドタドタした走りになってしまいます。これが歩くのも疲れる、走るのが苦手な子どもです。

また、ボール投げが上手くできない子どもたちも増えています。骨と関節のダイナミックバランスが機能する前に、筋肉運動が先行してしまうため、身体全体を上手く使えない運動になってしまうのです。そこで、身体の関節の中心を意識しながら（子どもたちは自然にやってのけます）少し重いボール（500g〜1kg）で、できるだけ筋肉を使わないように、真上に持ち上げる運動を行います。

片足ステップトレーニングでダイナミックバランスを習得

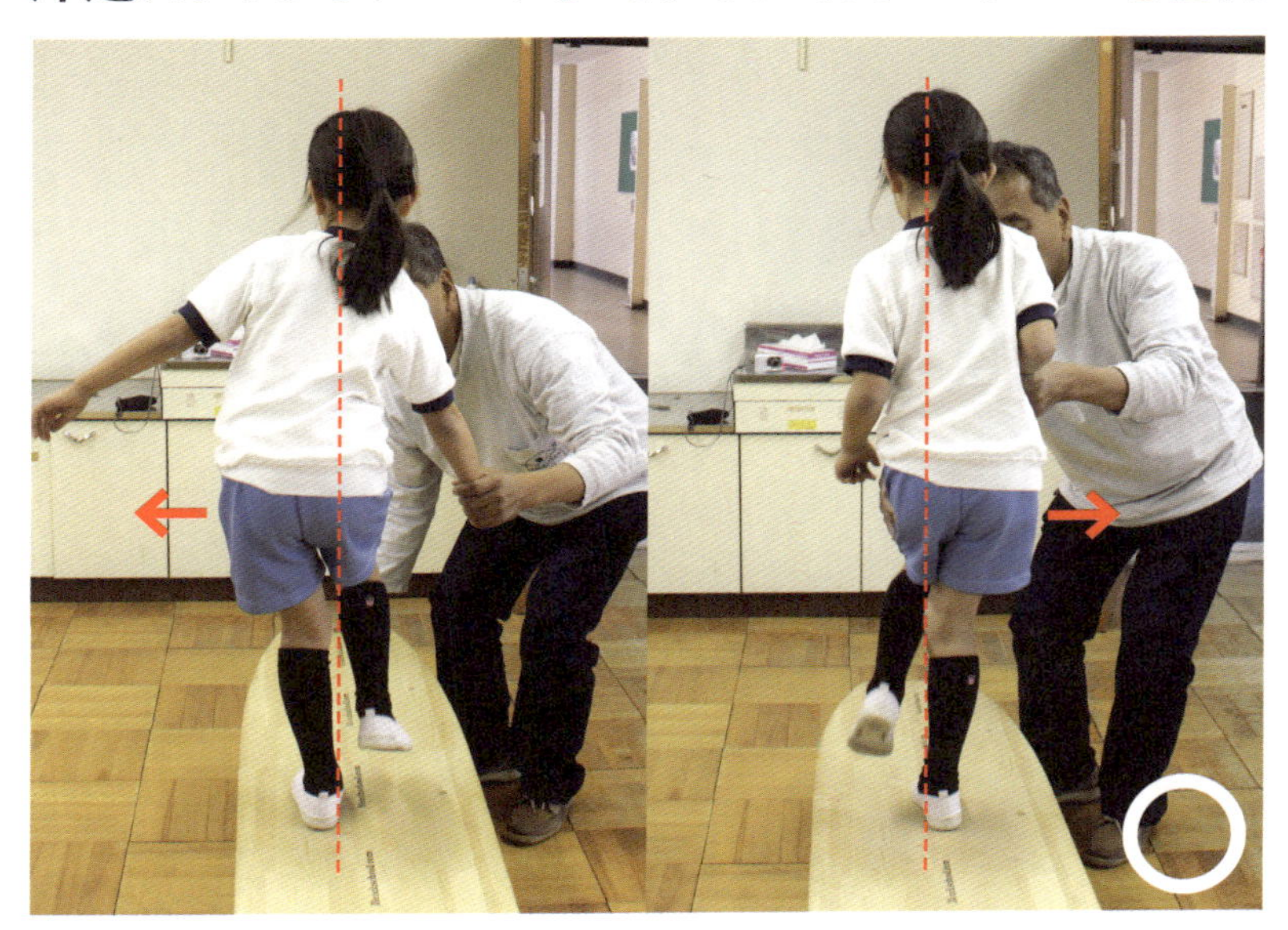

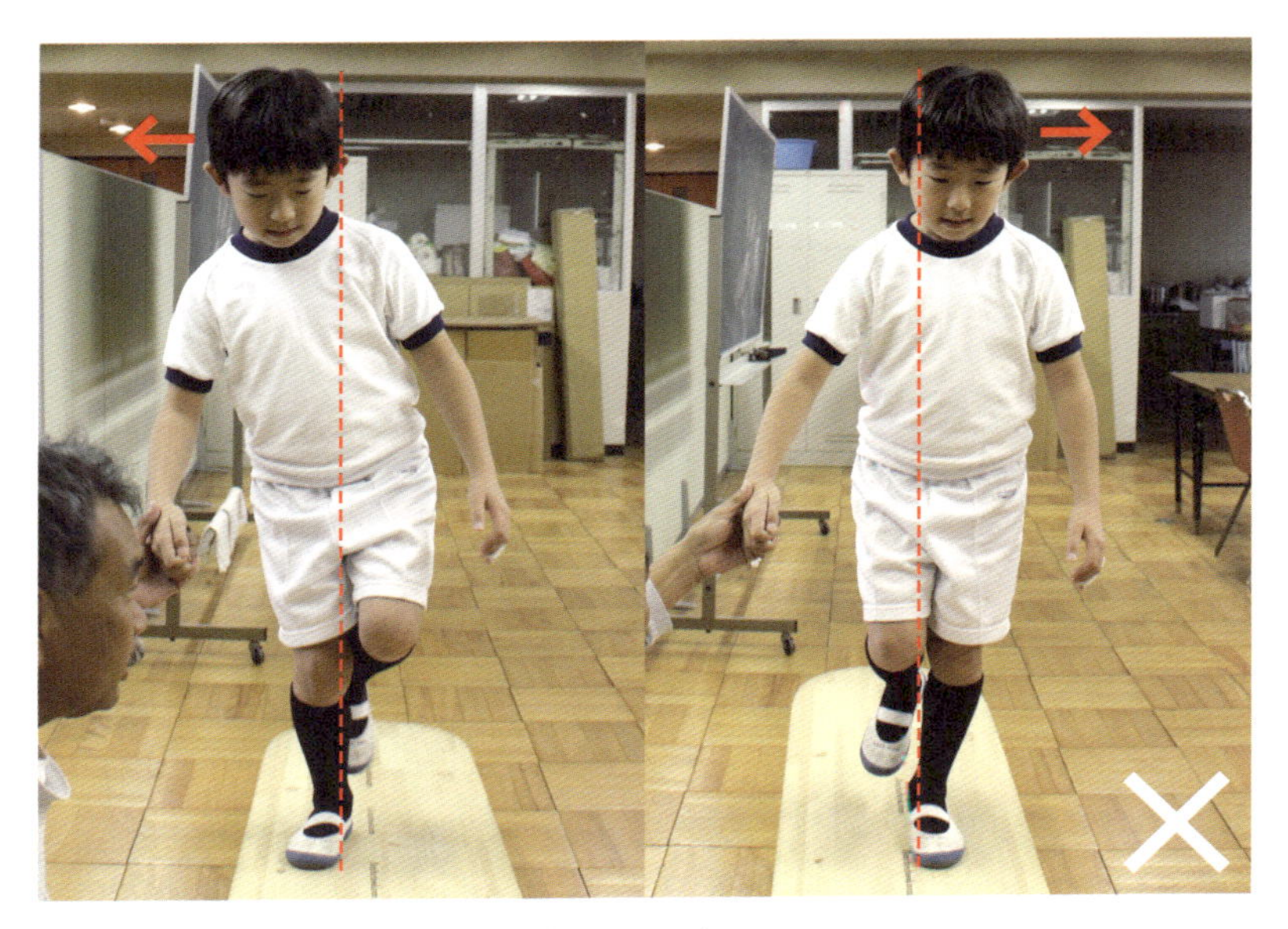

板が前後に揺すられている時、腰を背側にそして左右に出す片足バランスをアドバイスすると上の写真の動作になります。しかし、揺れる板を足で踏ん張ると、下の写真のように太ももに力が入り腰の移動もなく頭を左右に振る動作になってしまいます。

 写真提供：学校法人平和学園 平和学園小学校

走り方が変わった！

ダイナミックバランスを習得した走り方

バランスキューブの上で片足バランスの股関節の運動を、事前にエクササイズしたグループは、腰が左右にダイナミックバランスして、頭の位置が安定してバランスをとっています。スムーズな走りで息も上がりませんでした。

ダイナミックバランスを習得していない走り方

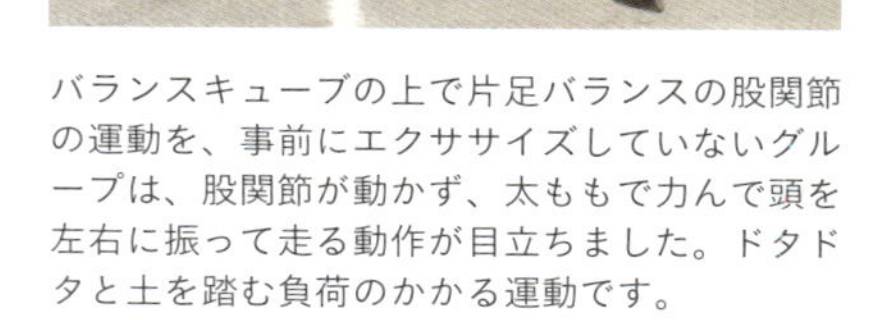

バランスキューブの上で片足バランスの股関節の運動を、事前にエクササイズしていないグループは、股関節が動かず、太ももで力んで頭を左右に振って走る動作が目立ちました。ドタドタと土を踏む負荷のかかる運動です。

投げ方も変わった！

ダイナミックバランスを習得していない投げ方

片足バランスの運動が上手くできないために、右手左足がバラバラの運動になっています。筋肉が先行して動いてしまうため、肩から肘の関節が骨に乗るダイナミックバランスの機能を発揮できないのです。

ダイナミックバランスを習得した投げ方

右手で1kgのボールを投げる動作は、同じ右側の腰に上半身が乗り、肩から腕の関節を骨に乗せる感じで真上にボールを押し出します。肘を投げたい方向に少し向けられるだけで楽にボールを投げることができます。

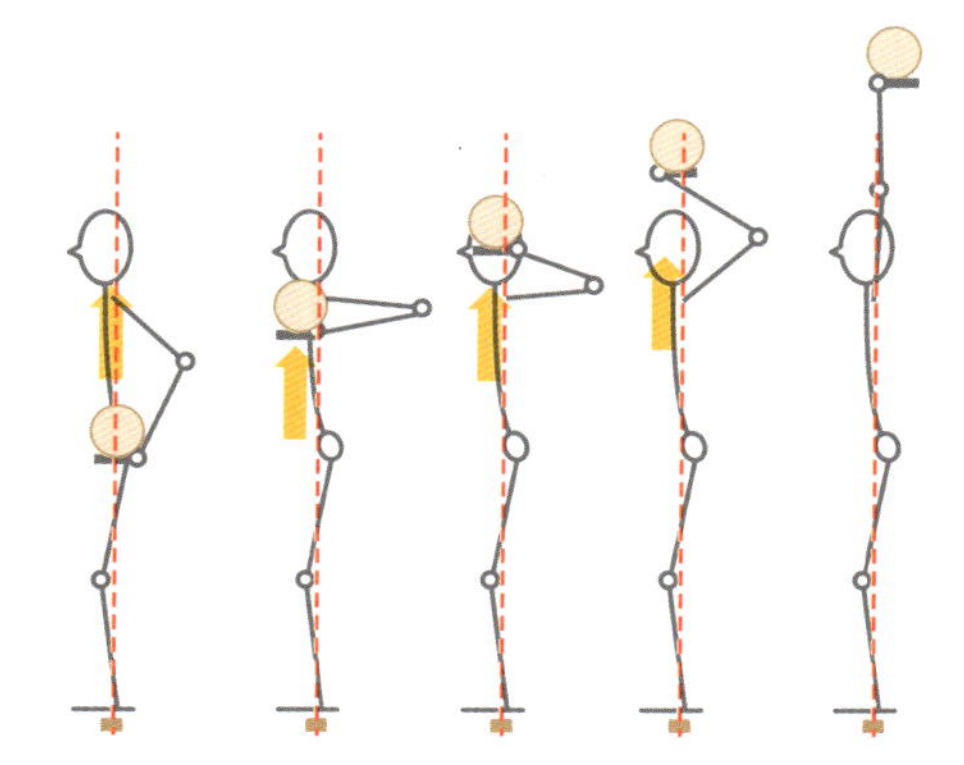

ボールを身体の骨に乗せて、真上に上げる関節運動

ボールを真上に持ち上げる運動を繰り返していると、ダイナミックバランスで関節を上手く使った、筋肉に頼らない運動のコツが見えてきます。真上にボールを持ち上げていた運動に、投げたい方向へ、ほんの少し肘を出すように運動を加えます。すると、肘を出す方向へ軽くボールは飛んでいきます。これは砲丸投げの動作です。この動作から投げる動作へ進化させれば良いのです。バスケットのシュートも基本は同じです。

 写真提供：学校法人平和学園 平和学園小学校

お母さんのボディケア

海岸のコミュニティ、ビーチクラブ活動に多くのファミリーが参加しています。その中で気になるのが、お母さんたちの姿勢です。お子さんのバランスや姿勢をしっかりチェックするには、一番身近なお母さんたち自身の姿勢が大切です。ダイナミックバランスの体験をすると足のセンサーが働き、骨でバランスをとる意識がはっきりしてきます。筋トレのように○○を何セットとか繰り返しトレーニングしなくても、日常の動作の中にダイナミックバランスの意識をもってさえいれば、身体が応えてくれるのです。

美しい姿勢

美しい姿勢は、進行方向へ少し前傾すると腰を中心とした骨と関節の微振動でダイナミックバランスが機能します。そうすると身体の力みがなくなり、正しい姿勢での歩きになるのです。バランスキューブのレッスンで足踏みする動作を思い浮かべながら、この歩き方を習慣づけてください。

蘇る綺麗なデコルテ

正しい姿勢での歩きを心掛けると、綺麗なデコルテを取り戻せます。デコルテの周りは、首、肩や胸、背中の筋肉が重なり合い、首から背骨で支えられています。多くの方は、日常の動作を前側で行っているために、肩やデコルテ周りに力が入っている状態になってしまっています。これも、バランススティック、バランスキューブの上で足首を意識して足踏みしてみましょう。身体の余計な力が抜けて、バランスがとれ、背筋が伸びた姿勢となります。このバランスを維持していくと、綺麗なデコルテが蘇ってきます。

細いふくらはぎ

足の甲を中心にして歩行をしていると、どうしてもふくらはぎの筋肉が発達（大きく）しやすくなります。細いふくらはぎを目指すならば、腰を少し背側に出し、膝を深く曲げずに伸ばして歩きましょう。アキレス腱を伸ばすように歩くと、筋肉への負担が軽くなるのです。腰を中心としたダイナミックバランス運動により、末端の足首やふくらはぎに必要以上の力が加わらないのです。

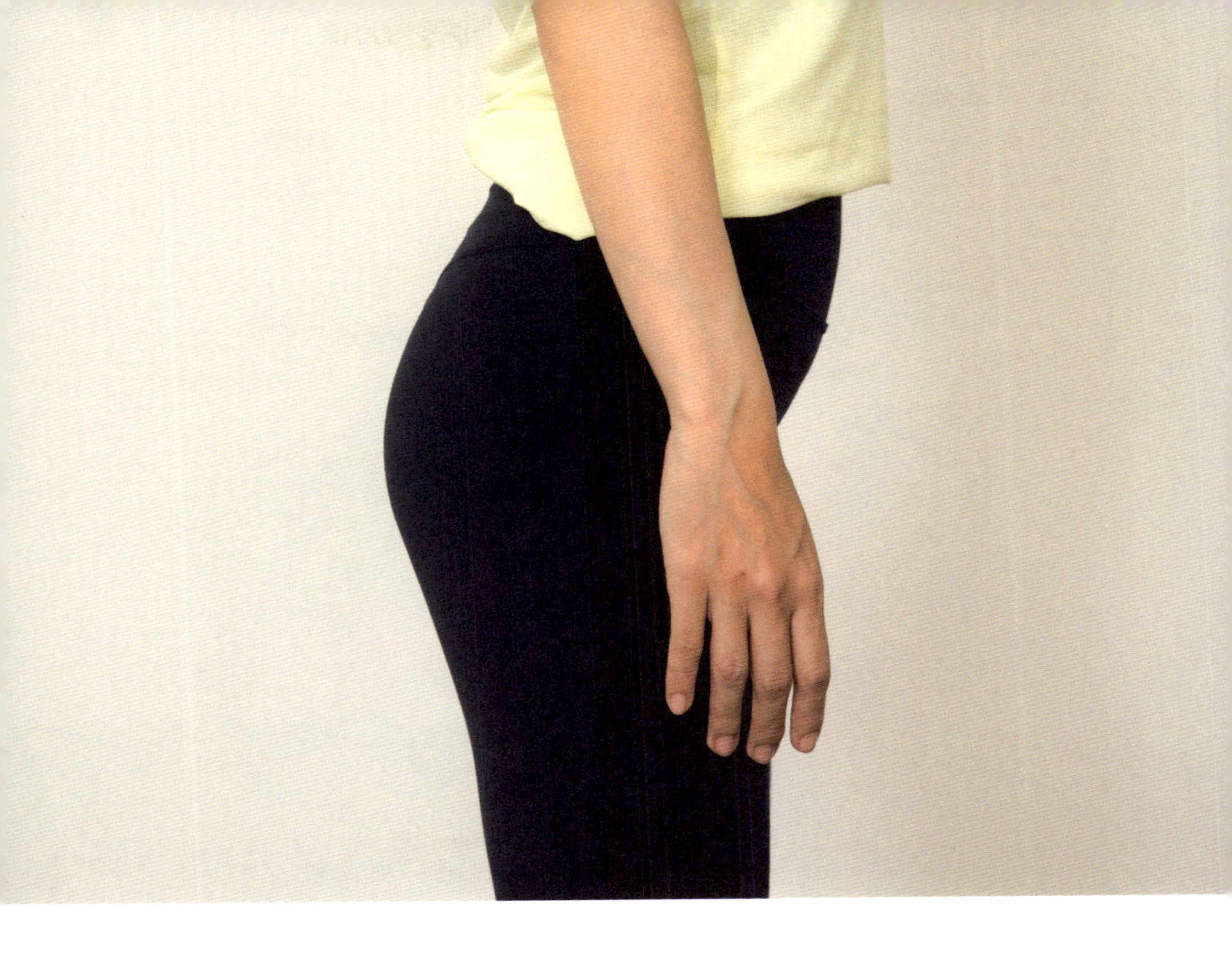

ヒップアップを目指す

ヒップアップもまた、日常の美しい姿勢、正しい歩き方で可能になります。多くの方の歩き方は、足から前に出す意識が強くそれにつられて腰も前に出てしまっています。結果、お尻が下がった猫背になっているのです。足のセンサー、腰の動きと身体内のバランスを意識して歩けば改善されます。

膝痛、腰痛、肩こりの軽減

外見からはバランススティックの上で筋トレしているように見えます。が、これは膝痛や腰痛の人向けのエクササイズです。足首やかかと寄りを中心にバランススティックに乗って、腰からの屈伸運動を行います。太ももへの負荷が軽減し、膝への負荷も少なくなります。しかし、日常生活でこれまでの足の甲で意識するバランスにもどってしまうと、膝痛や腰痛が再発してしま

うのが残念です。
肩こりもまた足のセンサーからのトラブルなのです。肩こりが起こりやすい姿勢になってしまう原因は姿勢のチェックの写真（P12〜13）を参考にしていただくと理解できると思います。上半身は背骨で自在に動けるのに、太ももや腰が硬くなってしまうとダイナミックバランスが機能しなくなり、重たい頭を筋肉で長時間支えることになってしまいます。これでは首や肩の周りが筋肉痛を起こします。腰のダイナミックバランスが機能する姿勢や運動を行えば、肩こりは軽減できます。

外反母趾の改善

外反母趾(がいはんぼし)は、足の親指（母趾）が、第二趾のほうへ曲がって変形し、母趾が外側に向かってしまう症状です。足のつま先に強い力が加わることで、足先が変形する症状です。原始の時代からのダイナミックバランスの歩行運動のように、足のバランスの中心が足首になると、足指先が自然に開き、傾斜や凸凹を柔軟にステップできるようになります。ところが、現代の平坦なバリアフリー環境では靴を履くため足首への意識がなくなってしまいました。これでは上半身が猫背の姿勢になり、骨盤が進行方向に出る骨盤後傾になってしまいます。足全体が外側に開く歩き

方（いわゆる外股）です。足先や足の甲に力が入る歩き方となってしまい、指先から変形してくることは想像できます。バランススティックに乗って、足の中心を足首にして、腰を背側に出して骨盤前傾の姿勢になるようにします。左右の腰を動かし、腰の微振動がやりやすい動きを繰り返します。ただし、骨や関節の変形は手術による整形をしないと元の形にはもどりません。

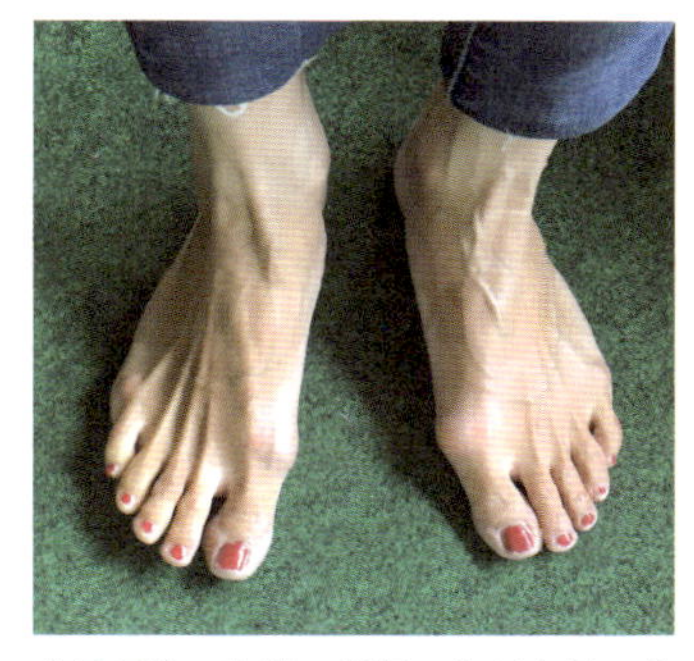

外反母趾の特徴の親指の先が内側に曲がっていた状態から、ダイナミックバランスを意識すると親指は元の真っ直ぐな状態に戻ります。

無意識に足を前に出そうと歩いている方が姿勢のトラブルをかかえています。正しい歩行の姿勢は、かかとから膝を伸ばそうとする意識だけで、腰から上半身が前に出ていきます。身体は自然に前傾して、歩行が始まります。片足バランスのエクササイズのように、足の着地点に体重を乗せると、骨が身体を支えてくれる楽な姿勢で歩行ができます。砂浜など裸足になれるところで、この歩行動作を試してください。歩くのが気持ち良くなりますよ。

ダイナミック体操で健康年齢をアップ

身体の中の関節周りと、その周辺の筋肉を柔らかく微振動させるための、関節をぐにゃぐにゃ動かすダイナミック体操です。身体を2点で支え、複数の関節を小さく円を描くように回転させることで、日常あまり動かさない部位も、マッサージ効果で自然と伸びる運動になります。少しずつ関節周りを動かしていると、日常使わない凝り固まった部位があることに気付くと思います。そこが伸びると気持ち良いですよ。

膝にふくらはぎを乗せる

仰向けになり膝を立てて、もう一方の足のふくらはぎを乗せます。これだけでも、ふくらはぎが気持ち良いはずです。さらに腰からの動きで、膝に乗せたふくらはぎをほんの少し微振動させます。少しずつ関節が緩むと、背骨から首の骨までリラックスさせることができます。

肩周りの関節

四つん這いの姿勢になり、片手の手首を支点に肘や肩の関節を別々に小さく円運動させます。複数の関節を同時に動かす動作は日常に無いので、少しずつ関節が動くようにエクササイズします。普段動いていない部位が動いて気持ちが良いはずです。

ボールを背中に入れる

仰向けになり直径10数cmのボールを背中の肩甲骨の間に入れます。背中に入れたボールを支点にリラックスしていると、気持ち良く胸が開いて猫背が改善されます。そして、そのボールを支点に、太ももには力が入らないように、腰を魚のように左右に揺する関節グニャグニャ体操です。

腰周りの関節

右側の腰と左足首を支点にして、左側の腰を床から浮かして、左腰と左膝を小さく円運動します。そうすると膝の動きの悪い部分がわかります。また、腰の円運動で、体幹といわれる腸腰筋周りが伸びて腰痛の改善にもなります。

猫体操

ダイナミック体操では、両膝と両手をできるだけ近づけて、猫背とソリ背をゆっくり繰り返します。この体操は肩の力が抜けると、腰が運動の中心であることがわかります。腰が柔らかく動けば腰痛改善にもなります。

高齢者のセラピー効果

ビーチセラピーでは、海の自然の力に身を任せて、身体全体がゆるんで気持ち良くなります。崩れた波にもまれれば、それはサーフセラピーです。水の不規則な動きが、身体全体を思わぬ方向へ

押したり引っ張ったり、自然が後押ししてくれる、
身体の中のダイナミックバランスの
全身リラクゼーション運動になるのです。
日陰で休んでいる時、
海の風が身体を優しくマッサージしてくれる、
心地よい海の風が頬をなでてくれる。
それはウインドセラピーです。

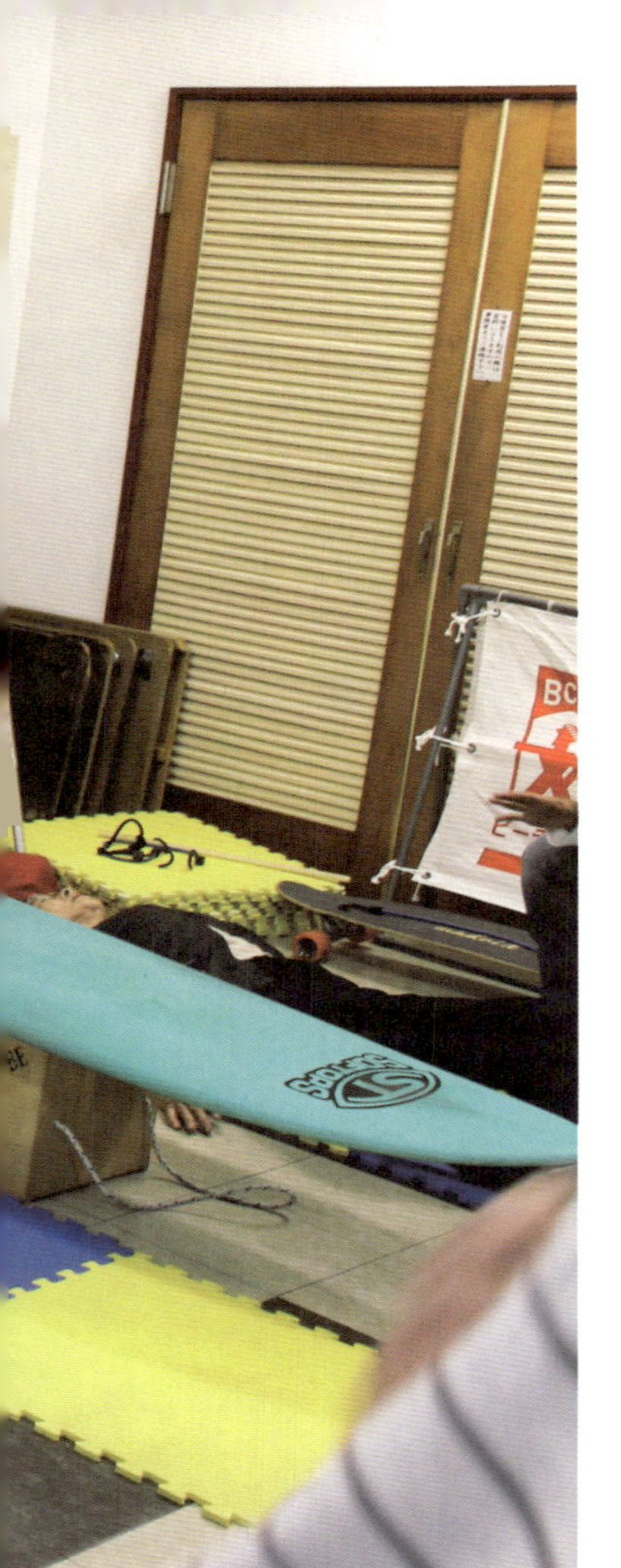

みるみる笑顔に

シニアのセラピー活動を関東各地で実施しています。踏ん張らないで、身体をゆらゆら揺する運動から始めて、バランススティックやバランスキューブに乗ることで、身体の中のダイナミックバランスが機能すれば、必要以上に身体に力を入れなくても、バランスがとりやすいことがわかるのです。

SURFING
BALANCE CUBE

初めは恐る恐る、しかし体験して身体の中のダイナミックバランスを感じる（子どものころの身体学習を思い出す）と、踊りだしたり、声が大きくなったり、笑い声が増えてきます。

ダイナミックバランスを少しでも身体の中で感じるようになると、身体の機能も回復して、今までできない！　と思っていたことができるようになるのです。バランススティックやバランスキューブの体操がサーフィンのトレーニング用に開発したモノだと知ると、それなら、私もサーフィンできるのかしらと、嬉しそうに水着を購入し、海へ。初めてのウエットスーツを着て50年は若返って大興奮です。

膝が曲がらない、背中が曲がらない、肩が上がらないと言っていた高齢者の方は、余計な身体の力を抜いてダイナミックバランスを意識したことで身体は軽くなり、膝や背中や肩のコリや痛みも軽減したのです。片足バランスのダイナミックバランス運動を行うと、自らスケートボードにチャレンジする高齢者が続出しました。

片腕が義手の方でサーフィンの大好きな方がいます。脳出血のため左半身が麻痺している方が、リハビリとして今までやったことがないスポーツにチャレンジということで、サーフィンを始めました。初めは半身が機能していなくて、真っ直ぐ進めずクルクル回ってい

たのが、身体全体のダイナミックバランスを意識して運動していると、片手しか動いていなくても、バランスは中央に保つことができるのです。

アースポーツの楽しさ

アースポーツは、自分の筋肉を使って地上で運動する一般的なスポーツとは異なる、軽量で丈夫な素材が開発されたことで生まれた新しいスポーツです。用具の中心に乗り身体で用具を操作すれば、地球の水や風や波や重力などのエネルギーで楽しめます。

それは今までの運動にない瞬間、
また、ある時間持続する浮遊感覚で、
筋力より身体のダイナミックバランスで
用具を操作できる能力が優先するスポーツです。
みなさんが本書で体験した
身体のダイナミックバランスを整える
エクササイズができれば、アーススポーツを
気軽に楽しめるようになります。
ここでは、アーススポーツを
生涯楽しむためのアイデアと、
そのために必要な基本的な
身体ダイナミックバランスについて解説します。

地球の自然エネルギーを利用するスポーツ
Earth (Energy) Sports

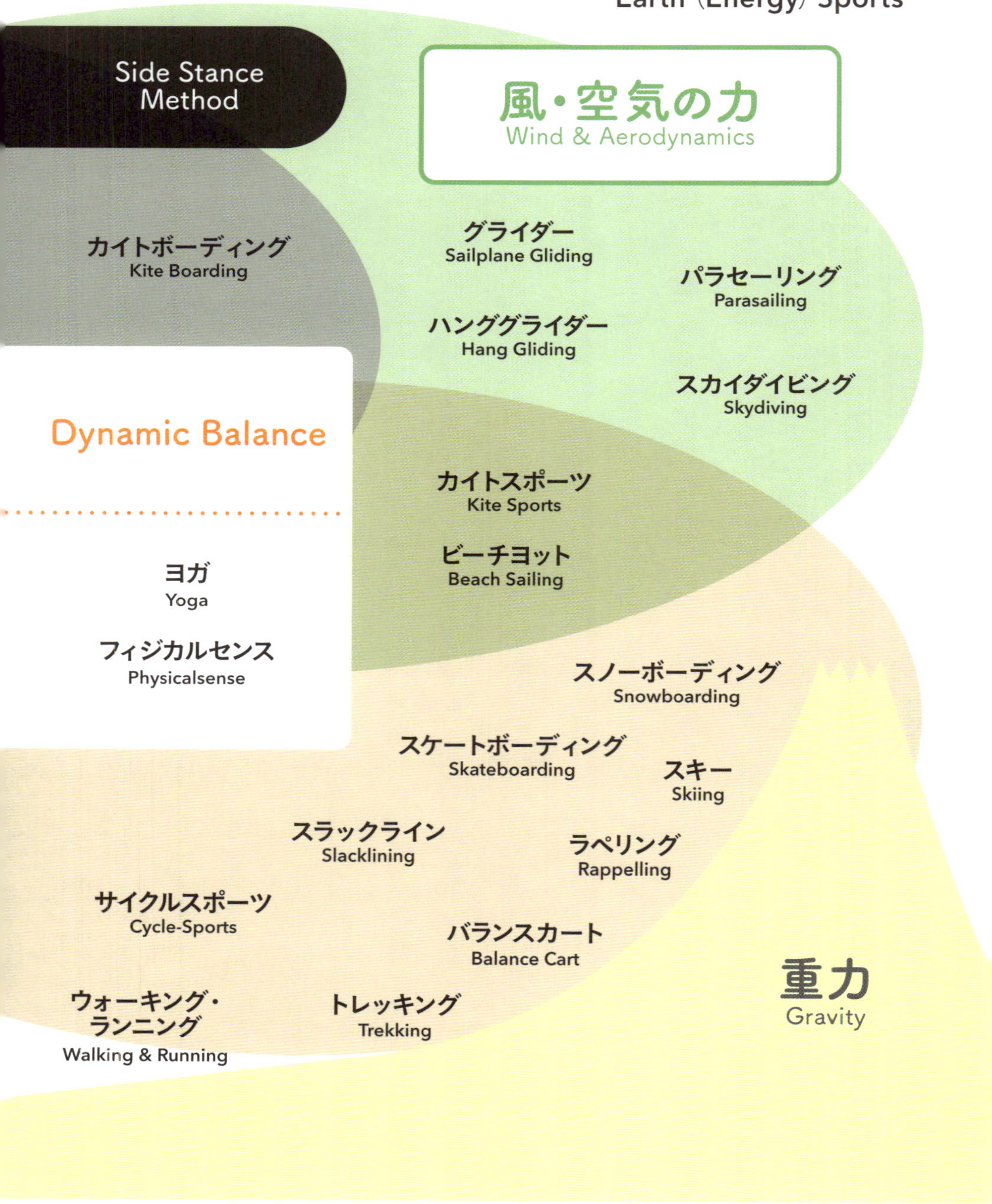

Side Stance Method

風・空気の力
Wind & Aerodynamics

カイトボーディング
Kite Boarding

グライダー
Sailplane Gliding

パラセーリング
Parasailing

ハンググライダー
Hang Gliding

スカイダイビング
Skydiving

Dynamic Balance

カイトスポーツ
Kite Sports

ビーチヨット
Beach Sailing

ヨガ
Yoga

フィジカルセンス
Physicalsense

スノーボーディング
Snowboarding

スケートボーディング
Skateboarding

スキー
Skiing

スラックライン
Slacklining

ラペリング
Rappelling

サイクルスポーツ
Cycle-Sports

バランスカート
Balance Cart

重力
Gravity

ウォーキング・ランニング
Walking & Running

トレッキング
Trekking

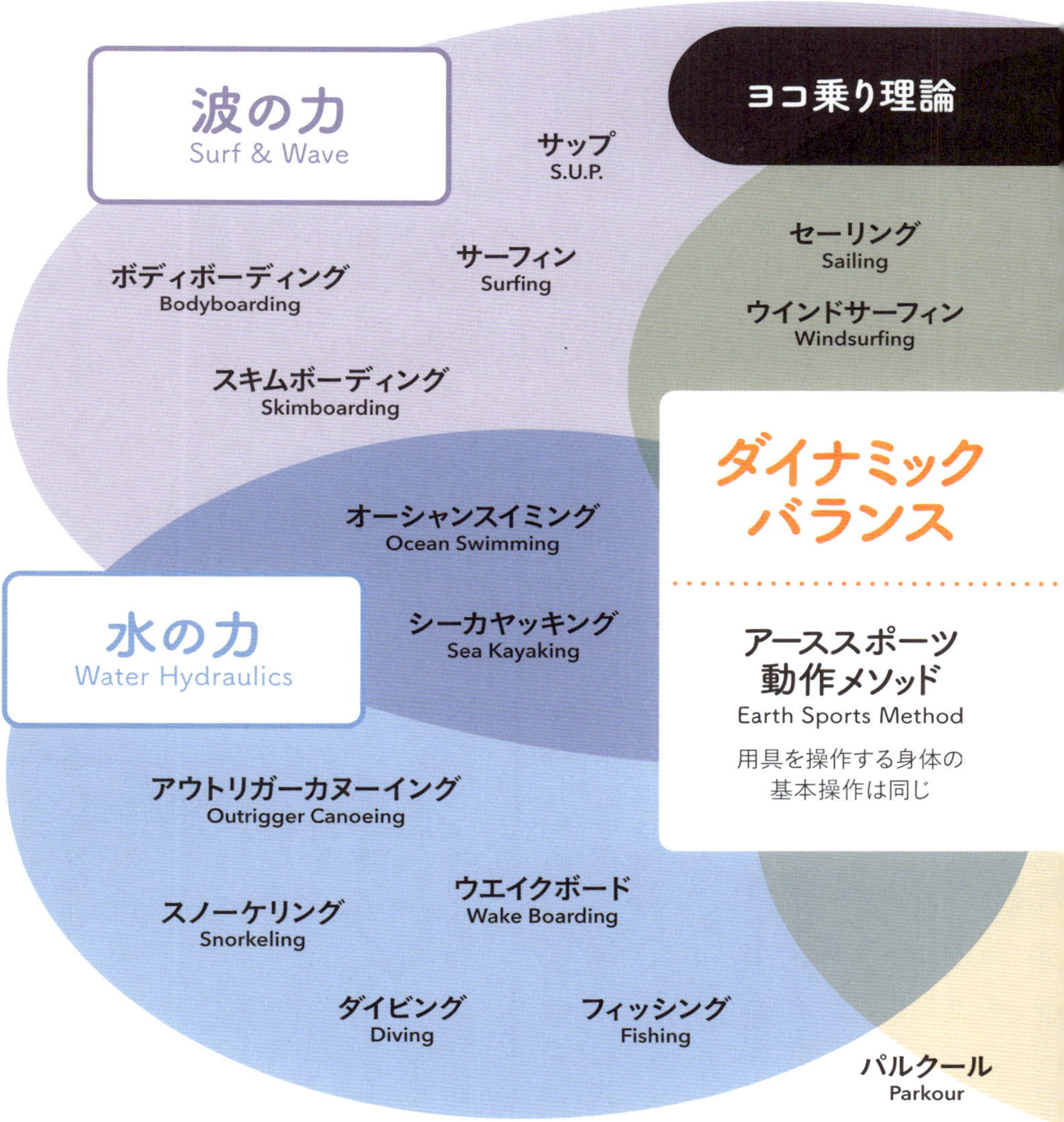

ヨコ乗り理論

波の力
Surf & Wave

サップ
S.U.P.

サーフィン
Surfing

ボディボーディング
Bodyboarding

スキムボーディング
Skimboarding

セーリング
Sailing

ウインドサーフィン
Windsurfing

ダイナミック
バランス

アーススポーツ
動作メソッド
Earth Sports Method

用具を操作する身体の
基本操作は同じ

オーシャンスイミング
Ocean Swimming

水の力
Water Hydraulics

シーカヤッキング
Sea Kayaking

アウトリガーカヌーイング
Outrigger Canoeing

スノーケリング
Snorkeling

ウエイクボード
Wake Boarding

ダイビング
Diving

フィッシング
Fishing

パルクール
Parkour

ビーチスポーツ
Beach Sports
(砂・風など自然の影響を受ける)

バレー、サッカーなど
Volleyball, Soccer, Tennis etc

Ocean, Beach, Sand, Natural & Urban terrain,
Snow Field & Mountain

※人工動力を使用する種目は除きます。

アーススポーツとダイナミックバランス

サンドボード
Sandboarding

重力を利用する

重力で滑走するアーススポーツの代表は、
スキーやサーフィンから生まれた
スノーボードやスケートボードです。
ボードの上でバランスをとっていれば、
雪面や砂面を重力で滑走できるのです。
身体のダイナミックバランス機能が、
ボードの操作や加速にも
重要な役割を果たしていることがわかります。

スラックライン
Slacklining

スケートボード
Skateboarding

スノーボード
Snowboarding

スノーバイク
Snowbike

サーフィン Surfing

波を利用する

波という地球エネルギーを利用するアーススポーツの代表はサーフィンです。小さな波でボードの中心に立ち、ダイナミックバランスを使って操作すれば子どもからシニアまで、筋トレ不要で楽しめるスポーツなのです。

サップ S.U.P.

風と波を利用する

風と波を利用する
アーススポーツの代表は
ウインドサーフィンです。
ダイナミックバランスの体重移動と
自在に動くセール操作で、
波に乗れます。

ウインドサーフィン
Windsurfing

ハンググライダー

Hang Glider

風を利用する

風を利用する
新しいアーススポーツの代表は、
軽量の翼で空を飛ぶ
ハンググライダーやパラグライダーです。
初心者の方は、海から吹く風に乗って
ダイナミックバランスを感じてください。

パラグライダー

Paragliding

 写真提供：スポーツ オーパ カイト

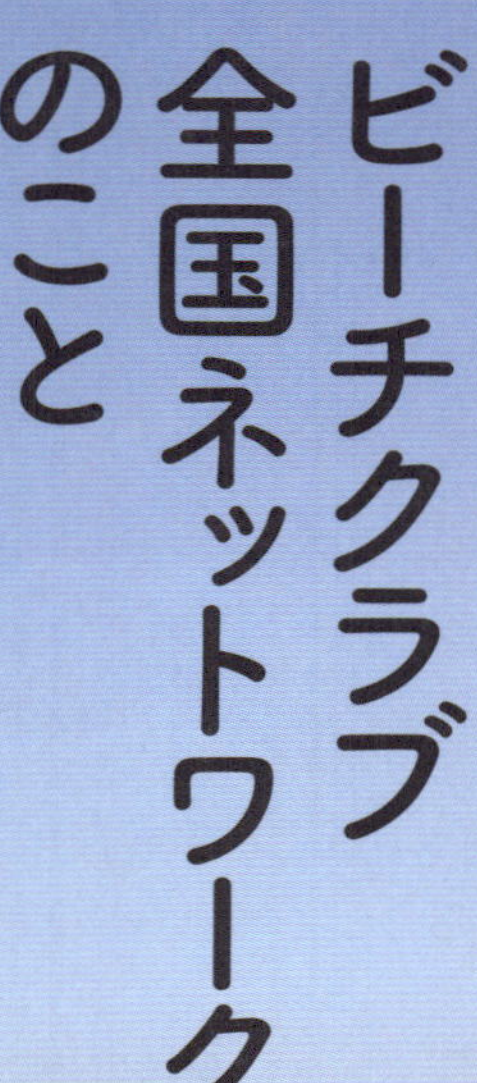

ビーチクラブ全国ネットワークのこと

日本の海岸は、なんで夏の海水浴でしか
利用されていないのか?
プロサーファーとして世界各地を転戦する生活に
明け暮れていた私が、帰国するたびに
不思議に思っていたことのひとつでした。
ヨーロッパやアメリカのように
一年を通して、海岸利用を促進できないものか。

そのためには何をすればもっとビーチを
利用してもらえるのだろうか。
年々、この思いは強くなっていきました。
1981年プロサーファーとしての現役を引退後は
ASP（Association of Surfing Professional）の
メディア・ディレクターに就任しました。
これを機に、日本でも海岸利用を
促進するための安全管理システム、
ビーチ施設を造る経緯、規約などを
取材研究し、多くの人たちが
一年を通して海岸を楽しく利用する方法を
自治体の方々と模索し始めたのです。
そして、私は2003年に国土交通省の
海岸利用のモデルとして同省の支援を受け
『一般社団法人ビーチクラブ全国ネットワーク』
を設立しました。

BEACHPARK
BEACHCLUB
Feel
GS

2019年ビーチクラブの定例活動リスト

ひとつの海岸に、様々なスポーツや遊びが混在しています。
子どもからシニアまで皆で共有する、「おもちゃ箱」のような
ボランティア活動の仕組みがビーチクラブです。
島国日本の海岸を、みんなで知恵を出し合って、
さらに遊びやすくするための活動に是非ご協力ください。

現在定例活動を実施しているビーチクラブ

ひらつかビーチクラブ	毎月 第2土曜日	1992年設立
江ノ島ビーチクラブ	毎月 第3土曜日	2004年設立
逗子ビーチクラブ	毎月 第1土曜日	2004年設立
鴨川ビーチクラブ	毎月 第2日曜日	2005年設立
羽田ビーチクラブ	毎月 第3日曜日	2006年設立
おおいビーチクラブ	毎月 第2土曜日	2008年設立
茅ヶ崎ビーチクラブ	毎月 第3日曜日	2009年設立
伊東ビーチクラブ	毎月 第2土曜日	2010年設立
下田ビーチクラブ	毎月 第3土曜日	2010年設立
熱海ビーチクラブ	毎月 第2日曜日	2012年設立
伊良湖ビーチクラブ	毎月 第1日曜日	2013年設立

今後のビーチクラブ設立（準備）予定

北泉ビーチクラブ	毎月 第2日曜日定例活動予定（震災により延期）

ダイナミックバランス＆サーフィン講座ガイド

夜のダイナミックバランス 陸上トレーニング教室

本書で解説した
ダイナミックバランス体験教室です。

火曜日	辻堂駅前
水曜日	神田小川町
木曜日（第4週のみ）	京橋エドグラン
金曜日	辻堂駅前

ワンデイレッスン サーフィン＆ダイナミックバランス

午前中はダイナミックバランスの
トレーニング、午後に海に出て
トレーニングの成果を試す1日レッスン。

日時：毎月 第4土曜日、日曜日
場所：茅ヶ崎、伊良湖、鴨川
時間：9時集合

合宿レッスン サーフィン＆ダイナミックバランス

1泊2日の合宿レッスンです。

日時：毎月 第3水曜日、木曜日
場所：下田

アフター ビーチクラブ レッスン

ビーチクラブの活動後にダイナミックバランスのレッスン、海での実践教室です。

第1土曜日	逗子ビーチクラブ	ウインドサーフィン、サップ
第1日曜日	伊良湖ビーチクラブ	サーフィン
第2土曜日	ひらつかビーチクラブ	サーフィン
第2日曜日	鴨川ビーチクラブ	サーフィン
第3土曜日	下田ビーチクラブ	サーフィン
第3日曜日	茅ヶ崎ビーチクラブ	サーフィン
	羽田ビーチクラブ	サップ

[トレーニング・スクールのお問い合わせ]
HP：ドジ井坂のbeachschool →「ドジイサカのビーチスクール」で検索

[トレーニング動画]
Facebook：ビーチクラブ全国ネットワーク
→「ビーチクラブ全国ネットワーク」または、
「ダイナミックバランス」で検索

[ビーチクラブと
ダイナミックバランスの動画]
YouTube：Doji Isaka TV
Instagram：Doji Isaka（@doji_isaka）

おわりに

本書の初めにお話ししたように、ダイナミックバランスとは身体の骨や関節の微振動によって生まれる身体バランス機能です。

筋トレのように目に見えて効果のほどがわかるものではありません。それだけに「なんだそれ？」と、戸惑われたかもしれません。

しかし、本書の解説を参考に、やや難度の高いバランスキューブまでの体験をしなくとも、バランススティック（棒）やバランスドーム（球体）などのシンプルな用具を使ったエクササイズを繰り返し体感することで、お子さんやお母さんから高齢者の方までの運動機能が確実に開花します。

いつの間にか失ってしまった、人間本来の基本的なバランス機能を、このダイナミックバランスという〝魔法〟のメソッドが取り戻してくれるのです。

現在、私の主催するサーフィンクリニックやビーチクラブでは、本書で使用した用具を使って陸トレを行っています。また全国の小中学校の授業や高齢者の要介護予防の一環として普及活動も行っています。

人生１００年時代と言われています。本書によって多くの方の健康寿命が延び、エンジョイ・ライフが可能になれば、それに勝る喜びはありません。最後に本書を上梓するにあたって、雑誌「ポパイ」の創刊時からの友人である粕谷誠一郎氏をはじめ多くの方々のご協力をいただきました。厚く御礼申し上げます。

２０１９年７月　ドジ井坂

ドジ井坂（井坂啓美・いさかひろみ）

1948年、神奈川県茅ケ崎市生まれ。1969年、全日本サーフィン選手権で優勝。1970年、日本人で初めて、ハワイで行われた世界プロ・アマサーフィン選手権に出場し、プロサーファーデビュー。1976年、第1回全日本プロサーフィン選手権の初代チャンピオンとなる。競技生活引退後は、日本で行われたプロサーフィン大会、ウインドサーフィン大会、スノーボードの世界選手権のプロデュースも手掛ける。1991年、海岸を通年利用するコミュニティ活動「ビーチクラブ」を神奈川県平塚市でスタートさせ、現在は全国各地で活動中。（一社）ビーチクラブ全国ネットワーク代表理事。八州学園大学客員教授。タイケン学園ペット＆アニマル専門学校副校長。著書に『ドジ井坂の楽しいサーフィン』（集英社）、『家族で楽しむドジ井坂の「海遊びの学校」』（マリン企画）など。

子どもの運動能力を開花させる**ダイナミックバランスの魔法**

2019年9月1日　初版発行

著　　者　ドジ井坂（井坂啓美）
発 行 者　佐藤俊彦
発 行 所　株式会社ワニ・プラス
〒150-8482　東京都渋谷区恵比寿4-4-9 えびす大黑ビル7F
電話 03-5449-2171（編集）

発 売 元　株式会社ワニブックス
〒150-8482　東京都渋谷区恵比寿4-4-9 えびす大黑ビル
電話 03-5449-2711（代表）

編集協力　粕谷誠一郎
写　　真　浜口 太
ブックデザイン　高橋 忍
印刷・製本所　シナノ書籍印刷株式会社

　ISBN 978-4-8470-9826-0
ワニブックスHP　https://www.wani.co.jp